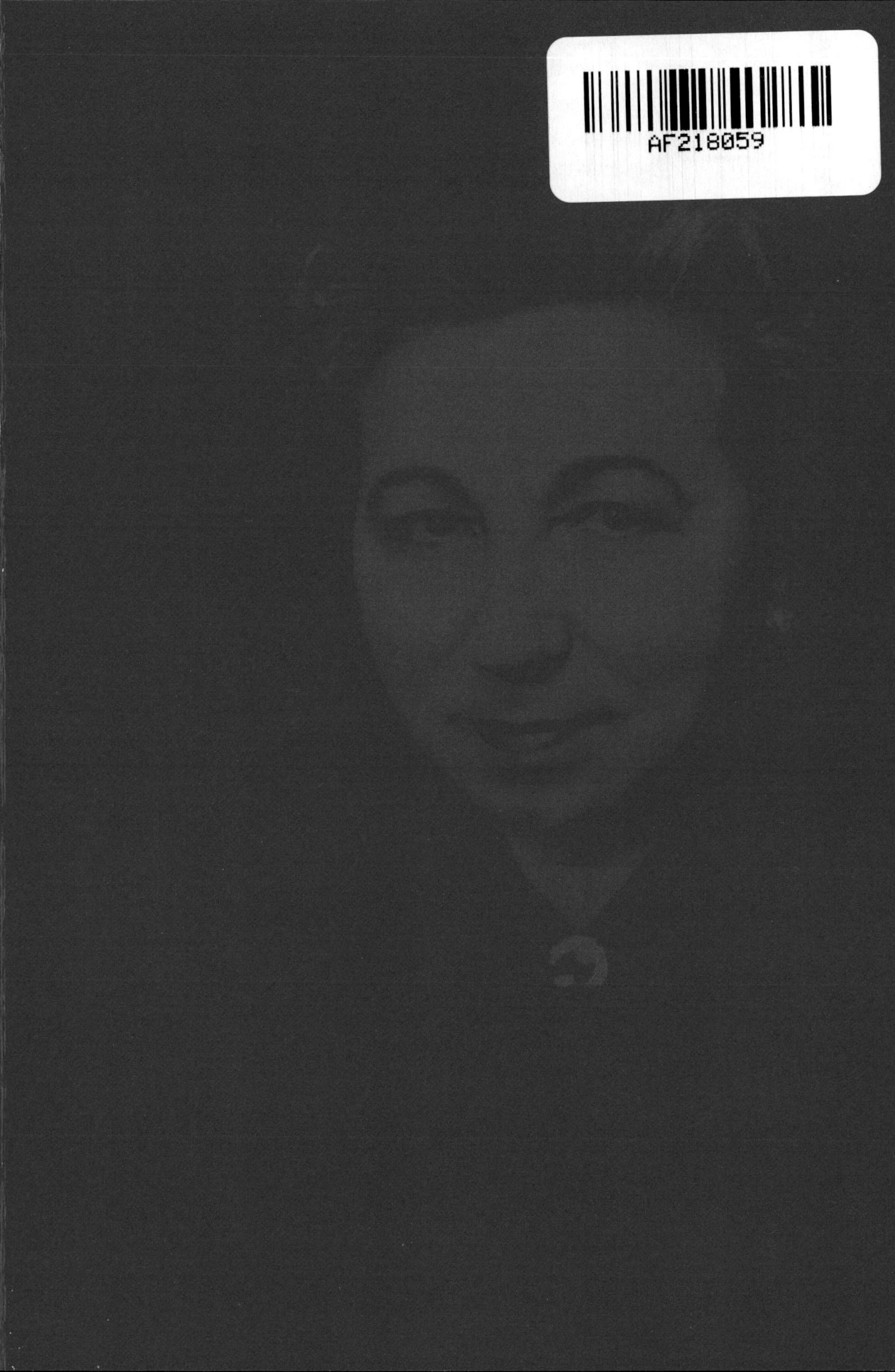

FLOR, NO: FLOREZCO

FLOR, NO: FLOREZCO
Primera edición: abril 2025
Reservados todos los derechos:
Ediciones Torremozas

© de esta edición: Ediciones Torremozas
© del texto y notas: María Sánchez-Saorín
© del prólogo: José Ramón Zabala Agirre

ISBN: 978-84-7839-945-1
Depósito legal: M-6770-2025

EDICIONES TORREMOZAS
ediciones@torremozas.com
www.torremozas.com

MARÍA SÁNCHEZ-SAORÍN

FLOR, NO: FLOREZCO

Género y reflexión poética en la obra
de Ángela Figuera Aymerich

Prólogo: José Ramón Zabala Agirre

MARÍA SÁNCHEZ-SAORÍN es profesora y escritora. Nació en Ricote (Murcia) en el año 1999 y se graduó en Lengua y Literatura Españolas por la Universidad de Murcia. Obtuvo el IV Premio Tino Barriuso de Poesía Joven con *Herederas* (Hiperión, 2022), forma parte de la antología *Última poesía crítica. Jóvenes poetas en tiempos de colapso* (Lastura, 2023) y ha publicado poemas, reseñas y artículos en diversos medios y revistas. Los últimos años de su vida han estado marcados por la militancia política, la poesía y la investigación y divulgación de la obra de Ángela Figuera Aymerich.

A mis padres.

A las mujeres de mi vida: mamá, abuelas, amigas y compañeras. A todas las que escribieron, a pesar de todo, para que nosotras ahora pudiésemos leerlas, y a Ángela, en su memoria.

ELOGIO DE LO QUE PERMANECE

Desde el pozo oscuro de la posguerra, túnel sin retorno en el que naufragaron los ideales de libertad, igualdad y democracia, ha llegado hasta nosotros una voz grave, valiente, humana, la palabra de una poeta sin fisuras, Ángela Figuera Aymerich (1902-1984). En el 2024 se han cumplido cuarenta años de su muerte callada, casi silenciada, en opinión de buena parte de la crítica, por el hecho de ser mujer y, también, esto otro a veces se nos olvida, por no dar por bueno lo que se prefiguraba ya a principios de los años 70, desde una supuesta reconciliación, aquel proceso de lo que después fue la llamada Transición política española, la que, tanto en lo político como en lo cultural, dejó donde estaban a los que allí se habían acomodado. Molestaban las voces demasiado críticas y la de Ángela era una de ellas.

Una larga relación de escritores y críticos no aceptó aquella situación injusta y revindicaron su nombre, su poesía, trataron de rescatar su palabra de un olvido que se entendía inevitable. Citemos algunos: su esposo, Julio Figuera, Nuria Espert, Jo Evans, Pablo González de Langarika, Mercedes Acillona, Iñaki Torre, María Bueno, María Bengoa... Hay muchos más. En esta relación hay que añadir otro nombre, María Sánchez-Saorín, una escritora reivindicativa y poeta también. Iba a decir desde hoy, pero no es cierto: son ya años que María reivindica a la escritora del silencio roto.

En el presente libro María Sánchez-Saorín aborda su análisis a partir de dos ejes fundamentales para entender la lírica de Ángela Figuera: la cuestión del género, su perspectiva de mujer crítica con la realidad, y la metapoética, esto es, las ideas de la poeta sobre el instrumento poético, sobre su propio quehacer literario. Se trata de temas cardinales de su obra que han sido analizados a menudo por la crítica. A este respecto hay que destacar que las cuestiones metapoéticas no son, contra lo que pudiera parecer, meros debates para especialistas. Como nos dice la autora de este ensayo «la práctica metapoética resurge con fuerza en las décadas posteriores a la Guerra Civil». Y unos párrafos antes: «cada vez que, en la historia del arte, pero sobre todo en la de la literatura (...) se han dado cambios materiales que han provocado un conflicto en la hegemonía ideológica, la reflexión sobre la creación ha inundado el contenido de la lírica». Sin duda, Ángela Figuera se movía en esas coordenadas de cambio y ello lo refleja muy bien su pensamiento, además de ayudarnos a comprender su cosmovisión, sus concepciones fundamentales en torno a la realidad.

Estas páginas plantean, por otra parte, una originalidad, una novedad que las hacen diferentes a otros trabajos. Al margen de la pasión con que están escritas, el punto de vista es el de una persona actual, que no conoció el franquismo de manera directa, y accede a esta poesía más de medio siglo después de haber sido escrita. Ello, sin duda, tiene que reflejarse en el resultado.

En palabras de la escritora murciana, «este ensayo pretende aportar un enfoque crítico con perspectiva de género y de clase». En muy pocas palabras, sin trampa ni cartón, expresa un punto de vista muy definido que se inicia desde la misma vivencia personal, sus primeros encuentros con la poesía de Ángela Figuera, a partir de sus propios presupuestos ideológicos. Pero lo hace todo ello de un modo «riguroso y detallado». En este sentido, creo que es mucho más que una indagación de crítica literaria. Para María Sánchez-Saorín este análisis no es un ejercicio lejano, académico y sin consecuencias; al contrario, hay mucho de personal e íntimo en este encuentro entre dos poetas (poetisas) separadas por más de medio siglo y en momentos históricos, en apariencia, muy diversos. Y digo «apariencia» porque basta ver cualquier telediario para entender que la realidad del planeta no ha cambiado tanto.

Esta implicación en el análisis hace que la lectura de estas páginas tenga mucho de complicidad. La autora realiza abundantes guiños a la persona lectora con quien sabe que le unen muchas cosas, no en vano son las mismas que la acercarían a Ángela Figuera: una clara conciencia de su condición femenina, una visión progresista de la historia y de la realidad, la defensa de una utopía y un inconformismo, la solidaridad con los desfavorecidos. En frente, los mismos de siempre, entonces y ahora. Pero esos no leen este tipo de libros.

María Sánchez-Saorín no oculta que su punto de partida no es objetivo. Ella admira a la escritora bilbaína sobre todo porque se identifica con muchas de sus ideas y sentimientos. No obstante, sus comentarios están sólidamente apoyados en una lectura profunda, objetiva. En este sentido, aunque parezca contradictorio, esta crítica personal es, en esencia, profundamente objetiva, contrastada mediante continuas referencias y alusiones. No hay invenciones manipulaciones o interpretaciones interesadas porque es muy consciente del salto temporal que existe entre ambas y, sobre todo, respeta profundamente la lírica que analiza. Eso sí, a la hora de fundamentar sus aseveraciones, recurre a menudo a diferentes estudios de crítica feminista, sin olvidar al mismo tiempo las propuestas de la crítica tradicional, contrastando y enriqueciendo con ello el conjunto de su análisis.

Esto mismo se aprecia en la búsqueda de correlatos que no se ciñen únicamente a la cultura europea. Curiosamente, María Sánchez-Saorín busca similitudes y paralelismos con mujeres poetas del continente americano, en Chile, Bolivia, Argentina. Y, por supuesto, los encuentra. No es casual. Julio Figuera, compañero vital de Ángela, repetía muchas veces que en América parecían apreciar más la poesía de su esposa que en España. Y no es porque ella hubiese influido tanto en la lírica americana sino porque, en todo el continente, otras escritoras avanzaban y confluían en sendas paralelas, creadoras todas ellas conscientes de la importancia de la palabra en cualquier propuesta emancipadora. Era un campo preparado que entendía muy bien aquel mensaje que les llegaba del Viejo Continente. Por eso se repetían, se repiten las imágenes, los símbolos, las ideas, los sentimientos. No puede ser de otra manera.

Después de estos cuarenta años, casi tantos como duró la dictadura, la palabra de Ángela no se ha perdido, no se ha olvidado. Permanece. Sin duda sigue ahí como lo que es, un clásico de la poesía en lengua castellana que nos retrata y trae la esencia de unos tiempos terribles, días duros en los que el futuro y la utopía parecían haber sido aplastados. Es la suya una belleza tremenda que nos es devuelta una vez más por esa otra voz sin tapujos que representa María, la voz de la historia entendida como superación de errores y búsqueda de una realidad más humana. Ángela y María, la voz perseguida sigue viva, intacta, en estos tiempos oscuros. La esperanza permanece.

José Ramón Zabala Agirre

1

POR QUÉ ESTE ESTUDIO
(Nota preliminar de la autora)

Cuando leí por primera vez a Ángela Figuera Aymerich (1902-1984) tenía la sensación de que nadie, excepto la persona que me la había descubierto, la conocía. Yo acababa de terminar el segundo curso del Grado en Lengua y Literatura Españolas, y no había oído hablar de ella en ninguna clase ni en ningún círculo literario. Después me di cuenta de que no era exactamente así, de que sí que la conocía bastante gente, y de que la realidad era aún más desconsoladora.

El verano en que mi primer año de Bachillerato había quedado atrás, acudí con Silvestre Campillo, mi mejor amigo, al curso «Antonio Machado y Federico García Lorca, 1916-2016. Baeza, lugar de poesía y encuentro», organizado por Luis García Montero para la UNIA (Universidad Internacional de Andalucía). Aquel fue el primer encuentro de muchos en Baeza, en los que conocimos a los que después han sido reconocidos poetas y muy queridos amigos: Lorenzo Roal, Rocío Acebal, Cristina Angélica, Pedro J. o Fernando Camacho, entre otros, y fue uno de ellos quien, a la hora de la siesta, en uno de los pasillos de la residencia, me prestó las *Obras completas* publicadas por Hiperión. «No sé si conoces a esta poeta, creo que te puede gustar», me dijo. Aún recuerdo con nitidez aquel instante casual, ambientado con una luz procedente del exterior que iba perdiendo intensidad al adentrarse por lo laberíntico del edificio.

Tras esa primera lectura en Baeza, de la que salí absolutamente fascinada, decidí comprar el libro, y sumergiéndome en él, poemario a poemario, me enamoré de la poesía de Ángela.

Me permitirá la lectora o lector que, en ocasiones, me refiera a nuestra poetisa por su nombre de pila. Sé que en el ámbito de la crítica feminista se suele reprochar ese tratamiento informal que se ha solido dar a mujeres y no a hombres, algo que ha restado importancia y solemnidad a las figuras femeninas. Estoy totalmente de acuerdo con esta visión, pero me gustaría incidir en que, en este ensayo, no se ha de interpretar de esa forma. La llamo Ángela, a veces, porque he pasado tanto tiempo leyendo sobre ella y a ella que la admiración que le profeso traspasa lo literario y la percibo con gran cercanía. La nombro desde el cariño, desde el amor, códigos que ella muy bien comprendía. Por otro lado, debería también advertir aquí que usaré «poetisa» y no «poeta» para referirme a ella, aunque sobre esto me explicaré más adelante. Espero entonces que mi postura, si no compartida, pueda ser entendida y no produzca incomodidad.

Descubrí, en fin, que sus poemas eran el discurso poético más honesto que había leído de la posguerra y que, además, se situaban desde una voz femenina consciente de sí misma y preocupada especialmente por la realidad de las mujeres de clase trabajadora. Fue esto lo que principalmente me llevó a la convicción de que su poesía no podía seguir siendo obviada al hablar del siglo XX español, pues no solo está dotada de una calidad extraordinaria, sino que forma parte fundamental del relato histórico y filosófico de aquellas y aquellos que se opusieron al régimen franquista.

No tardé demasiado en darme cuenta de que había encontrado el más que anhelado «tema de TFG», pero como aún no había llegado el momento de materializarlo, me ocupé hasta entonces de leer y releer su obra, y lo hice precisamente durante el confinamiento, que para mí se desarrolló en mitad de un Erasmus anómalo, desde un pequeño apartamento de los *vicoli* de Génova. Sabía que quería llevar la poesía de Ángela Figuera a mi futuro trabajo, aunque no tenía clara la concreción.

Meses más tarde, de nuevo en Murcia, llegó el día de solicitar línea y tutor para el Trabajo de Fin de Grado. Tuve la suerte de que se me concediese al poeta y crítico Luis Bagué Quílez, justo en quien yo había pensado como primera opción, y durante mi primera reunión con él, le planteé los temas de la obra de la poetisa que me parecían interesantes. Había preparado ya un detallado esquema-resumen de cada uno de los poemarios de Ángela Figuera que aún conservo, y que me agrada compartir justo aquí, con el aspecto original del documento:

Mujer de barro (1948)

- Relación tierra-mujer-fruto-pasión carnal: «Carne de mi amante», «De la mano».
- Ruptura con la tradición de la *descriptio puellae*: «Morena».
- Cotidianeidad (no monotonía, es decir, no en sentido negativo).
- Vitalidad: «Morir», «Indolencia».
- Maternidad jubilosa: «Realidad» (con tintes neoplatónicos), «Enfermo», «Antojos» (poesía de Lorca), «Caligrafía», «Lo maravilloso» (conformismo).
- Metapoesía: relación maternidad-escritura, poema-hijo: «El fruto redondo», «Insomnio», «Alumbramiento», «Perdido», «Después», «Poquita labor», «Durar», «Impotencia».

- Conciencia de estar comunicando algo relevante y nuevo: «Decirlo».
- Elemento de la luna: «Luna».

Soria pura (1949)

- Naturaleza-mujer (elemento de la luna).
- Río-amante-hijo: «Río», «Río sin sueño», «Río de noche».
- Vida: universo que nace y muere.
- Masturbación femenina (elemento de las cañas): «Cañaveral».
- Calor de los meses de verano: pasión: «Viento de agosto».
- Poema a Antonio Machado: «Antonio Machado».

Vencida por el ángel (1950)

- Concreción o culminación de la conciencia social (falsa paz del franquismo): «Esta paz».
- Angustia tras la guerra.

El grito inútil (1952)

- Epígrafe: «a los que no quieren escuchar».
- Silenciamiento de la palabra de las mujeres: «El grito inútil».
- Maternidad: cambio de perspectiva (inútil, dolorosa): «Mujeres del mercado», «Rebelión», «Culpa».
- Inutilidad de la poesía: «El grito inútil», «Silencio», «Sobramos», «Y ahora el llanto».
- Anhelos de vida, lucha, solidaridad: «Unidad».
- Hermandad entre personas deseada y no lograda: «Unidad».
- Brutalidad del género masculino: «Mujeres del mercado».
- Futilidad del trabajo: plusvalía: «Manos vendidas».
- Destino inevitable y triste: «Culpa».
- Fealdad de lo cotidiano: «Culpa», «Estación».

Víspera de la vida (1953)

- Nacimiento vs muerte (oposición): «Víspera de la vida».
- Acerca del sentido de la existencia y de dar vida (parir).
- Preocupación/inquietud por la muerte: «La sangre».

Los días duros (1953)

- Sobre el oficio de poeta: «Poeta».
- Primer poema: declaración de intenciones: «Los días duros» (poesía comprometida y sucia, «manchándose las manos», introduce elementos más prosaicos como el Fiat en «Génesis»).
- Existe un mundo equilibrado, pero dentro de él uno cruel: «Tiempo de lágrimas».
- Visión de la maternidad más madura: «Madres».

Belleza cruel (1958)

- Compara el oficio de poeta con el de los obreros, infravalorando el suyo frente al de los obreros: «Belleza cruel».
- Caín y Abel.
- Sobre la clase obrera.
- De los poemas no recogidos en poemarios: «Exhortación impertinente a mis hermanas poetisas». Llamado a que las poetisas (debate sobre el término «poetisa») se comprometan, se manchen con su poesía.

Gracias a la lucidez de Luis Bagué conseguí esclarecer todo este conjunto, y apareció ante mis ojos el objeto del estudio: la reflexión poética en la obra de Ángela Figuera Aymerich, o su metapoesía, palabra que, todo sea dicho, me encanta. Esta importancia de lo meta en sus poemas y de la cuestión de género tan palpable en ellos me llevó al siguiente título: *Género y reflexión poética en la obra de Ángela Figuera Aymerich*.

Al terminar y exponer el trabajo, estaba muy feliz con el resultado y con todo el proceso. Luis se mostró siempre disponible para lo que pudiera necesitar, y sus aportaciones fueron muy útiles.

A partir de ese momento, le hablé a todo el mundo de Ángela y del estudio que había realizado, y ahí llegó la sorpresa con la que aún no me había encontrado: la mayoría la conocía. Profesores universitarios, amigas y amigos poetas... Todo se quedaba ahí, en el pequeño círculo de los que crean y de los que estudian poesía, pero no era una desconocida. ¿Cómo era posible, entonces, el silencio sepulcral que la rodeaba?

Recuerdo ahora una cita de Jessa Crispin en el prólogo de *Cómo acabar con la escritura de las mujeres*, de Joanna Russ, refiriéndose a la denuncia de la invisibilización de las mujeres en los estudios literarios: «Siempre es un acto de valentía levantarse y decir estas cosas, aun a riesgo de que te consideren una desagradecida. Tu montoncito de migajas puede hacerse todavía más pequeño». Y me viene a la cabeza porque, aunque afortunadamente el panorama se esté transformando, durante mucho tiempo los estudios de género en literatura han supuesto una carencia para las universidades españolas. Ha sido siempre menos arriesgado llevar a cabo una tesis más sobre Siglo de Oro o sobre el 27 que adentrarse en una investigación desde lo reivindicativo, desde un objetivo también político: el rescate de las autoras que han sido silenciadas por un canon masculino, blanco y burgués.

La problemática en torno a la invisibilización de Ángela Figuera no es ningún misterio, por incomprensible e injusta que nos parezca, sino todo lo contrario. Su caso es el de todas las mujeres artistas o intelectuales que han osado inmiscuirse en mundos definidos como masculinos. Desde la afirmación aristotélica de la ausencia de alma en la mujer hasta la creencia decimonónica de su inferioridad intelectual, el patriarcado ha dejado su impronta en la historia del pensamiento, y este menosprecio de lo femenino redunda en el menosprecio de su experiencia. Joanna Russ expone esta causalidad en su ensayo antes mencionado: ideología dominante patriarcal > misoginia > devaluación de la experiencia femenina > «lo que no entiendo, no existe» (101). O en el mejor de los casos, existe, pero no tiene suficiente valor (100, 101).

Retomo el hilo del por qué he llegado hasta aquí con lo que fue una idea de TFG. Como decía, comprobé la injusticia que se había y se seguía cometiendo con la obra de Ángela Figuera y, aunque por motivos personales no me planteaba llevarlo a cabo desde ninguna institución universitaria, quise construir un ensayo que partiese de mi trabajo previo, pero que profundizase en las cuestiones que ya había señalado; ampliando, igualmente, el corpus de poemas a analizar. Pensé también que, para de alguna forma imponerme cierto ritmo de trabajo, sería buena idea compartir avances y comentarios a través de la plataforma Patreon, y enseguida comenzaron a apoyarme unas pocas personas entusiasmadas con la idea. Así fue como me embarqué en un proyecto de investigación independiente que hoy puedo dar por culminado.

A lo largo del proceso, han llegado a aconsejarme que llevase cuidado con no hacer algo que se hubiese hecho antes, porque ya había bastante escrito sobre Ángela Figuera. La realidad es que hay un total de dos tesis doctorales sobre su obra, la de José Ramón Zabala Agirre, de 1994 (*Ángela Figuera: Una poesía en la encrucijada*, Universidad de Deusto) y *Angela Figuera Aymerich en la poesía femenina de la posguerra española*, de Rosa Carmen Madrigal Campos, por la Universidad Complutense de Madrid (1997); un estudio de Jo Evans marcado fuertemente por la corriente de la crítica feminista anglosajona, *Moving reflections: gender, faith and aesthetics in the work of a Ángela Figuera Aymerich* (Tamesis Book, 1996); un ensayo, no dedicado íntegramente a ella, sino a dos autoras más: Gloria Fuertes y Celia Viñas (*El linaje de Eva. Tres escritoras españolas de postguerra: Ángela Figuera, Celia Viñas y Gloria Fuertes* (2002), de María Payeras); otro ensayo reciente, publicado en 2023, que realiza un breve recorrido por su obra (*Ángela Figuera. Entre dos versos,* por José Enrique Martínez); y dos biografías, una de María Bengoa (2003) (*La poeta Ángela Figuera (1902-1984)* y otra de Pablo González de Langarika y José Ramón Zabala Agirre (2021) (*Ángela Figuera Aymerich. Poesía entre la sombra y el barro*). Más allá de esto, solo hay publicaciones conmemorativas —algunas de las más relevantes, los dos números monográficos de la revista *Zurgai*: *Recordando a Ángela Figuera* (1979) y *Con Ángela Figuera Aymerich* (2009)—, diversos artículos y capítulos.

La obra de Ángela Figuera Aymerich está compuesta de los siguientes poemarios: *Mujer de barro* (Madrid, Saeta, 1948), *Soria pura* (colección dirigida por Leopoldo de Luis, titulada *Mensajes*, 1949), *Vencida por el ángel* (Alicante, premio de la revista *Verbo*, 1950), *El grito inútil* (Alicante, premio Ifach, 1952); *Los días duros* (Madrid, Aguado, 1953), *Víspera de la vida* (Madrid, 1953), *Belleza cruel* (premio de la Unión de Intelectuales Españoles en México, México, 1958), *Toco la tierra. Letanías* (Rialp, Madrid, 1962), *Cuentos tontos para niños listos* (Soria, 1980[1]) y *Canciones para todo el año* (publicación póstuma, México, 1984). En cuanto a reediciones de su obra, tenemos toda ella reunida gracias a Hiperión, que editó la primera edición de las *Obras completas* en 1986; la tercera y última es de 2009, y de esta publicación nos serviremos para referenciar sus composiciones a lo largo del estudio. *Mujer de barro* y *Soria pura* se reeditaron en una misma

---

1   Comenzó a editarse en México, pero Julio Figuera, su marido, se encargó de que finalizase en Soria, ya que los tiempos se estaban dilatando.

edición en 1951. Por otro lado, el emblemático poemario *Belleza cruel*, publicado por primera vez en México en 1958, no fue editado en España hasta 1978 por Lumen, fue traducido al francés en 1982 por Jacques Comincioli, y Torremozas lo rescató en 2002; su poesía infantil, agrupada en los poemarios *Cuentos tontos para niños listos* y *Canciones para todo el año*, fue reeditada en el mismo año (2000) por Hiperión y también traducida al francés anteriormente, de nuevo, por Comincioli (1991); *Toco la tierra* reapareció en 2015 gracias a la Editorial Páramo; *Soria pura*, en 2020 por Lastura; y *El grito inútil* permaneció silenciado hasta 2018, año en que la asociación de escritoras Genialogías lo sacó a la luz a través de la editorial Tigres de Papel. Además de estas publicaciones, encontramos tres antologías de su poesía: *Ser palabra desnuda* (Sabina Editorial, 2021) y *Antología total (1948-1969)* (Editorial CVS, 1973) y *Primera antología* (Lírica Hispánica, publicada en Caracas en 1961). Existe un hecho preocupante: no existe aún una reedición de *Mujer de barro*, su primer poemario publicado, tras la que hubo en 1951; tan solo podemos acceder a él gracias a las *Obras completas* de Hiperión. Por esto y por lo anteriormente expuesto podemos imaginar la importancia de esta publicación en el año 86, previa a la mayoría de reediciones.

En cuanto a las antologías en que aparece Ángela Figuera, tanto en vida como tras su muerte, contamos con las siguientes, basándonos en la recopilación que lleva a cabo José Enrique Martínez (2023), en la información que aporta la página web de la Diputación de Guipúzcoa y en datos conocidos: Rafael Millán, *Veinte poetas españoles* (1955); José Luis Cano, *Antología de la nueva poesía española* (1958) y *El tema de España en la poesía española contemporánea* (1964); *Veinte años de poesía española*

(1939-1959), de José María Castellet (1960); *Erderazko lau poeta, bi gipuzkoar eta beste bi bizkaitar: Ángela Figuera, Bladi Otero, Gabriel Zelaia eta J. M. Basaldua*, de Gabriel Arestiren (1961); Leopoldo de Luis, *Poesía social. Antología (1939-1964)* (1965); Manuel Mantero, *Poesía española contemporánea 1939-1964* (1967); Carmen Conde, *Antología de la poesía amorosa contemporánea* (1969); *Antología general de Adonáis (1943-68)*, con prólogo de Luis Jiménez Martos (1969); Ernestina de Champourcin, *Dios en la poesía española actual* (1970); J.P. González Martín, *Poesía Hispánica (1939-1969). Estudio y antología* (1970); Mario Ángel Marrodán, *Creadores líricos vascos de hoy* (1978); José Luis Cano, *Lírica española de hoy: antología* (1983); Fanny Rubio y José Luis Falcó, *Poesía española contemporánea (1939-1980). Historia y antología* (1984); Vanguardia obrera, *La memoria y la sangre* (1986); José Paulino Ayuso, *Antología de la poesía española del siglo XXII (1940-1980)* (1998); Segismundo Lince, *13 poetas testimoniales* (2000); Paz Díez Taboada, *Antología comentada de la poesía lírica española* (2005); la de Santiago Fortuño Llorens, *Poesía de la primera generación de posguerra* (2008); *Ahotsa, hitzak, hizkuntzak, Voz, palabras, lenguas, Voix, mots, langues, Voice, words, languages*, de Pablo González de Langarika y Sebastián Gartzia Trujillo (Euskaltzaindia, Real Academia de la Lengua Vasca, 2010); y *Mis primeros poemas: antología de poesía española para niños y niñas*, publicada por la editorial Alba en 2022.

Por otro lado, existen antologías únicamente femeninas que también incluyeron la poesía de Ángela Figuera: *Poesía femenina española viviente*, de Carmen Conde (1954), y de la misma antóloga, *Poesía femenina española (1950-1960)* (1971); la publicada en Italia en 1964, *Voci femminili della lirica spagnola del '900*, de Maria Romano Colangeli;

Panorama antológico de poetisas españolas (siglos XV al XX) (1987), de Luzmaría Jiménez Faro, quien también publicó entre 1995 y 2002 cuatro tomos con el título de *Poetisas españolas. Antología general*; *Antología de la poesía femenina en España en el siglo XX* (2001), del hispanista chino Zhenjiang Zhao; *Mujeres de carne y verso. Antología poética femenina en lengua española del siglo XX*, de Manuel Francisco Reina (2001); *Ilimitada voz. Antología de poetas españolas (1940-2002)* (2003), de José María Balcells; y *Versos con faldas. Historia de una tertulia literaria, fundada por Gloria Fuertes, Adelaida Las Santas y María Dolores de Pablos*, una reedición de Fran Garcerá y Marta Porpetta de la antología publicada en 1983 por Las Santas (*Versos con faldas. Breve historia de la tertulia literaria fundada por mujeres en el año 1951*), ampliada con un estudio, biografías y anexo fotográfico.

Cabe también mencionar la emocionante edición facsimilar de Torremozas con la que Fran Garcerá sacó a la luz en 2023 el manuscrito de un proyecto de poemario que luego se dividió en dos (*Víspera de la vida* y *Los días duros*), aunque fue presentado antes al Premio Adonáis de 1949, en el que también participó Blas de Otero. El título iba a ser *En la delgada arista*. No obstante, este manuscrito también conservó poemas inéditos que no conocíamos hasta la fecha. El investigador pudo acceder a él gracias a la correspondencia conservada de Carmen Conde, con quien Figuera mantuvo una relación de amistad y admiración.

Con tan solo esta información podemos comprobar que Figuera fue una autora relevante en el panorama poético español e internacional de aquellos años. José Enrique Martínez apunta: «con Blas de Otero y Gabriel Celaya forma Ángela Figuera el gran triunvirato vasco de la poesía social», y sin embargo, «de los tres ha sido la voz menos estudiada» (133).

Si buscamos entre los análisis de su obra veremos que lo que más ha interesado a la crítica de su escritura ha sido el tratamiento de la maternidad. Esta temática, sin duda, envuelve su creación poética de principio a fin, pero no debemos caer en algo que ya advierte Joanna Russ (1983), de nuevo; se trata del «mito del logro aislado». Consiste en una aceptación casi piadosa en el canon por tan solo un motivo; es decir, si está ahí, es por ese logro puntual y «aislado». Lo más llamativo de esto es que provoca algo mucho más dañino, y es que normalmente este motivo con el que se justifica la atención hacia una autora es el aspecto más estereotipado de su obra. Leopoldo de Luis llegó a escribir sobre ella en su *Antología* que «el tratamiento temático tiene en su poesía una directa expresión de testimonio. Su nota personal radica en que le insufla una ternura de comprensión materna, de amor materno, que salva su obra del prosaísmo» (208). Aunque De Luis trata de alabar la poesía de Figuera, defender que lo que la salva del prosaísmo es esa suerte de toque femenino que le da el ser madre y contarlo es del todo patriarcal. La poesía de Ángela Figuera Aymerich destaca por muchos otros aspectos, nunca por alejarse del lirismo, y un eje fundamental poco observado ha sido el de su producción metapoética.

Hasta ahora he dado poca información sobre su biografía y poesía; probablemente la lectora o el lector tenga ya conocimiento al respecto. En cualquier caso, este ensayo ha tenido la intención de desarrollar un estudio cercano, sin tener excesivamente en cuenta las convenciones formales académicas, pero riguroso y detallado. El título principal, *Flor, no: florezco*, es un verso de uno de los metapoemas de su primer libro, *Mujer de barro*, y en él la poetisa se libera de la tradición que ha encasillado a las mujeres en la posición de musas, y por tanto, no de creadoras.

Este ensayo va dirigido tanto a personas que pertenecen al ámbito de lo académico como a las que no. El objetivo, si bien se trata de un texto especializado, es que su lectura y contenido sean accesibles y disfrutables por todas y todos aquellos que quieran sumergirse en él, pero sobre todo pretende aportar un enfoque crítico con perspectiva de género y de clase, centrado en la producción poética que Ángela Figuera Aymerich dedicó a la reflexión sobre la poesía y sobre el oficio del poeta, pues también desde aquí, desde el plano de la metapoesía (que, veremos, es más relevante de lo que parece en el discurso poético general) existen temáticas cruciales dentro de su creación, estrechamente relacionadas con su condición de mujer que escribe.

2

En contexto

2.1. El panorama poético de posguerra

> Parte oficial de guerra del Cuartel General del Generalísimo, correspondiente al día de hoy, primero de abril de mil novecientos treinta y nueve, tercer año triunfal:
> En el día de hoy, cautivo y desarmado el ejército rojo han alcanzado las tropas nacionales sus últimos objetivos militares. La guerra ha terminado.
> Burgos, primero de abril de mil novecientos treinta y nueve, año de la victoria.
> El generalísimo,
> Franco

Estas palabras son conocidas por muchas y muchos. Se trata de la comunicación radiofónica que escucharon quienes ya sabían perdida la guerra. La instauración del régimen franquista tuvo diversos resultados para los que lucharon contra él: prisión, muerte, huida, lo clandestino o pérdida de ahorros (el dinero de la República ya no era válido) y de trabajo (se llevó a cabo una purga con el funcionariado, por ejemplo). Efectivamente, la Guerra Civil y la posterior toma del poder por parte del fascismo cambiaron radicalmente las historias familiares e individuales, así como la del país, influyendo en su desarrollo político, económico, social y cultural hasta el día de hoy, en que nuestro actual parlamentarismo monárquico-burgués es heredero del franquismo.

En cuanto a la vida de las y los intelectuales progresistas, ya conocemos lo que ocurrió a partir del golpe de Estado del 36: el asesinato de Federico García Lorca, aquel no tan explícito de Miguel Hernández, el de otras y otros, la cárcel, el exilio de muchos y la censura sobre la producción cultural para aquellos que se quedaron. Más duro fue el escenario para quien, además, era mujer. Acompañando al retroceso en sus derechos, el fascismo español impuso una visión de la mujer en la que no se contemplaba otro modelo a seguir que no fuese el de madre y esposa; poco espacio había aquí, entonces, para la poesía. Durante el franquismo se reprodujo la creencia misógina histórica en la inferioridad intelectual de la mujer; recordemos la famosa cita de Pilar Primo de Rivera: «Las mujeres nunca descubren nada; les falta, desde luego, el talento creador, reservado por Dios para inteligencias varoniles». Fue, de hecho, la Falange, con su Sección Femenina, la organización que asumió la misión de llevar a cabo el control ideológico de la población y de conseguir la hegemonía de la moral nacional-católica. En este contexto, «la animadversión que despertó la mujer culta durante la dictadura franquista fue una constante» (Romero y Cerullo 18).

Los poetas afines al régimen, por supuesto, tuvieron vía libre para ejercer su labor, ocupándose de escribir una poesía evasiva y desconectada de todo contexto político, conocida como «garcilasista». Sin embargo, la lírica española no tardó demasiado[2] en reflorecer con nuevas

---

2   No tardó demasiado, pero cabe remarcar que, durante toda la década de los cuarenta, la hegemonía en el panorama poético fue de los que llamaban, desde revistas como *Escorial*, «todos cuantos no habiendo dimitido de ser españoles ni servido al crimen tuviesen algo que decir en torno a la cultura y a las letras» (Luis 54).

generaciones de poetas que recuperaron la tendencia hacia *lo impuro* iniciada en los años anteriores a la guerra. Vayamos hacia atrás para verlo.

Lo que condujo hasta la generación poética anterior a la guerra y más reconocida de la literatura española, la del 27, fue un camino guiado por la estética y los preceptos de los movimientos de vanguardia. Como precedente tomamos la poesía *pura* de Juan Ramón Jiménez, poética propia de los años veinte europeos, basada en las reflexiones que Ortega y Gasset plasmó en *La deshumanización del arte*, que perseguía un ideal puro, desimpregnado de cuestiones ideológicas, un «arte por el arte», por el simple goce estético. Esta concepción *deshumanizada* alcanza la obra de los poetas de la generación del 27, en mayor o menor medida, al margen de la posterior trayectoria de cada uno de ellos.

Con el desarrollo de los años treinta, los conflictos que desencadenó en España una lucha de clases cada vez más agudizada iban por el camino de salpicar también a la poesía, y así fue con el estallido de la Guerra Civil. A partir del año 36, la poesía, tanto la de los poetas exiliados como la de los que se habían quedado dentro, de uno y otro bando, centró sus esfuerzos en, ahora sí, una finalidad muy concreta: transmitir un mensaje político. Martínez Torres, en un artículo dedicado a la disidencia de Alberti respecto a la poesía *pura*, plantea lo siguiente: si, según Jorge Guillén, «poesía pura es lo que permanece en el poema después de haberse eliminado todo lo que no es poesía, [...] ese todo que "no es poesía" es lo que adopta la cualidad de lo impuro, a saber, todo aquello que, bajo las premisas del Paul Valéry, escapaba al juego desencadenado por las propias palabras» (377). Entra en escena un debate sobre qué es lo que escapa a ese «juego» poético que, sin embargo, ahora se habría colado en la propia poesía, cuáles son los elementos que según esta visión recibirían la categoría de extrínsecos y restarían pureza al arte.

Sin dejar de prestar atención a la apreciación que realiza Miguel Ángel García —«comprometerse con el arte puro, como ya tantas veces ha puesto de relieve la sociología literaria más alerta, no constituye precisamente una actitud evasiva» (15)—, para analizar esta nueva poética *impura* debemos considerar los cambios que está sufriendo la sociedad en el plano mundial, determinados en buena medida por la acelerada difusión del pensamiento y la práctica marxistas. Sin esto último y, por supuesto, sin la introducción en la creación poética de nuevos autores que no pertenecían ni a la nobleza ni a la burguesía, sino a sectores del pueblo que habían podido acceder a estudios superiores y desempeñaban profesiones liberales, ningún poeta o crítico habría comenzado a llamar la atención acerca de este fenómeno.

Recuperemos el recorrido histórico. Aunque el triunfo del bando franquista no llegó hasta 1939, el golpe de Estado del 36 supuso ya una brecha irreparable en el panorama artístico español, y concretamente poético: como decíamos anteriormente, habían asesinado a Federico García Lorca, Antonio Machado llegó a exiliarse al sur de Francia, y poco antes de acabar este período bélico, cuando la guerra ya se sabía perdida y los sublevados avanzaban sin freno, también marcharon María Teresa León y Rafael Alberti, entre muchos; Miguel Hernández fue encarcelado, y poco tiempo después, en prisión, fallecía a causa de una tuberculosis contraída por las condiciones insalubres.

Tras estos acontecimientos, y no sin poco esfuerzo, se retomó el camino *humanizante* que había quedado a medias a raíz del golpe de Estado. Los nombres más conocidos de los que habrían de conformar esta nueva generación, o bien el inicio de una nueva poética que se alargaría hasta la década de los sesenta, son los de Blas de Otero, Gabriel Celaya y José Hierro, poetas «avasallados por la fuerza del silencio [...] que se tiran al ruedo literario, afirmándose en la realidad como punto de partida de su obra» (Rubio y Urrutia 90). Como explican también Rubio y Urrutia, «no puede comprenderse la poesía de posguerra sin situarla históricamente como continuadora, por asimilación o rechazo, de la poética anterior» (69), y mientras que los garcilasistas buscaban traer de vuelta el ideal de poesía pura, los poetas antes mencionados responden a la tendencia poética evasiva y recogen, en gran medida, el legado de la poesía humana de quienes que los precedieron y escribieron sus versos durante la Guerra Civil: Antonio Machado, que se comprometió abiertamente en su creación poética tanto con la II República como con sus valores de trabajo, igualdad y cultura, y que denunció en su obra determinados aspectos de la sociedad española; o César Vallejo, que inspiró enormemente a Blas de Otero, y que tras la vocación humanista de *Los heraldos negros* escribió en el período de la Guerra *España, aparta de mí este cáliz* y *Poemas humanos*, estos últimos publicados póstumamente.

De esta forma, se forjó en aquellos años un clima de oposición de poéticas en el que serán protagonistas, entre otras, las revistas *Garcilaso* (Madrid, 1943), defensora de la corriente «formalista» y «evasiva», y *Espadaña* (León, 1944), representativa de lo «social» (Rubio y Urrutia 93).

2.2. En torno a la «poesía social»

> «El poeta social puede hablar en nombre de Marx
> o en nombre de Cristo».
>
> Leopoldo de Luis

El eco de los últimos poetas mencionados y la falsa paz en la que se había hundido el país propició la reflexión social en la poesía española, que ya estaba saliendo de los años cuarenta y adentrándose en la década siguiente, de modo que en 1952 se publica la *Antología consultada de la joven poesía española* de Francisco Ribes, donde aparecen nueve poetas seleccionados: Carlos Bousoño, Gabriel Celaya, Victoriano Crémer, Vicente Gaos, José Hierro, Rafael Morales, Eugenio de Nora, Blas de Otero y José María Valverde; «se perfilaban dos actitudes perfectamente diferenciadas: una, definidamente realista [...] representada por Celaya, Otero, Hierro y Nora» (Rubio y Urrutia 94). Trece años más tarde, en 1965, Leopoldo de Luis publica la primera edición de su *Poesía social española contemporánea. Antología (1939-1968)*, que quedó finalmente con este título tras ser actualizada en el 69 con una segunda edición, y que incluye a Ángela Figuera Aymerich, Victoriano Crémer, Gabriel Celaya, Ramón de Garciasol, Blas de Otero, Agustín Millares Sall, Gloria Fuertes, Salvador Pérez Valiente, Rafael Morales, Manuel Pacheco, José Hierro, Salustiano Masó, Eugenio de Nora, Gabino Alejandro Carriedo, María Beneyto, Ángel González, Ángel Crespo, Antonio Molina, José Agustín Goytisolo, José Ángel Valente, Jaime Gil de Biedma, María Elvira Lacaci, Jesús López Pacheco, José Luis Martín Descalzo, Manuel Mantero, Eladio Cabañero, Jesús Lizano, Félix Grande, Carlos

Sahagún y a Manuel Vázquez Montalbán. Con ella, De Luis da las claves para comprender el fenómeno «poesía social»: «historicidad», «realismo», «fusión con la situación real de las gentes de su tiempo», y, además de un «carácter comprometido y testimonial», una «intención denunciadora» (De Luis 183, 184):

> Quiere decirse que la poesía social [...] es protestataria, se alza contra una situación que considera injusta y es revolucionaria, porque va motivada por un deseo de que se transformen determinadas estructuras sociales [...] Un poeta social podrá escribir desde una ideología marxista (y digo simplemente ideología), o desde un credo cristiano, o desde cualquier otra creencia que condene la explotación del hombre por el hombre (De Luis 185, 187).

Esto fue lo que llevó (y sigue llevando) a poner el grito en el cielo. Si «poesía social» significa todo eso, «lo social, que se hace rozar con lo ideológico, lo político, lo panfletario y propagandístico, supone de entrada una amenaza para lo poético» (García 43), pero esta crítica no contempla que ninguno de los poetas sociales que conocemos dejara de «creer en un discurso específicamente poético» (Ibid.). Los prejuicios en torno a la denominada poesía social condujeron incluso a cargarla con la fama de «mala poesía». De Luis responde:

> Pero, ¿dónde se ha visto la uniformidad estilística de los poetas sociales como para predicar de todos ellos el asesinato de la belleza? Poetas sociales hay cuyos poemas, en cuanto a musicalidad y acierto expresivo, para sí quisieran muchos líricos del erotismo o de la metafísica [...] En lo que sí coinciden cuantos poetas han sentido la necesidad de tratar estos temas llamados sociales es en no considerar la belleza como único ingrediente del poema, y mucho menos como único fin, y en situarla críticamente frente a un arte

enredado en puro devanar esteticista. Digamos que es una cuestión más bien teleológica que ontológica: la belleza *es* y *está* en la poesía, pero la belleza no puede ser la *causa final* del poema (219).

También el poeta Ángel González salió en defensa de la poesía social y contra esta creencia:

[...] en la España de esa larga posguerra abundaba la mala poesía social como abundaba la mala poesía lírica, la mala poesía poética, para entendernos. Quienes se han agarrado a este débil argumento dejan ver con claridad que una cosa es para ellos la Poesía y otra cosa muy distinta la Sociedad (18).

Por otro lado, y es algo a lo que De Luis reacciona en la segunda edición de su *Antología*, se ha considerado la poesía social como un movimiento que, de la misma forma que empezó, terminó. El antólogo comienza estas «Notas a la segunda edición» de 1969 con un apartado en que aborda este asunto de la «caducidad», como él mismo la refiere, partiendo de la siguiente aclaración, aludiendo a los críticos que habían comentado la primera edición de su trabajo:

Nunca ha sido una simple moda la poesía de tema social. Estimo por ello un error atribuirle calidad de *escuela* o *movimiento* [...] ¿Podría hablarse de la poesía amorosa como escuela? Pues la misma respuesta negativa cuadra para la que se recoge en esta Antología. Este, para mí, error ha podido motivar que algunos comentaristas consideren muerta atribuyéndome misión panteónica la poesía social [...] La poesía social se apoya en hechos reales cuya elaboración a materia poética es perfectamente legítima. Que un poeta «sienta» esos problemas, y no otros, o que les dé preferencia a la hora de escribir, no es cuestión de moda, sino de conciencia (217).

Lo que pretende Leopoldo de Luis es dignificar y legitimar la poesía que, en efecto, trata el tema social. Defiende de igual forma su calidad, y señala algo bastante polémico y recurrente: las cuestiones de la finalidad del poema y de la sinceridad del poeta. Sostiene que «las revoluciones no se hacen escribiendo poemas sino colectivizando los medios de producción» (220), y que, por tanto, resulta absurda la crítica de que la poesía social no soluciona las injusticias del mundo ni llega a quienes pretendería dirigirse. Además, libera al poeta de la responsabilidad de la sinceridad: el poeta no tiene la obligación de ser sincero porque está construyendo una ficción, escriba sobre una temática social, religiosa o amorosa. En la tercera y última edición que prologará de su *Antología*, concluirá con brillantez lo siguiente:

> La poesía social que hoy se escriba —que sí se escribe— o los poemas que, andando el tiempo, han dado a luz los propios poetas antologados, inevitablemente adquieren otra tonalidad. Porque la manera de vivir evoluciona a merced de múltiples factores, y cada instante posee su tono especial porque especial de cada instante es la forma de mirar la vida. Y la poesía precisamente consiste en reflejar esa vida y, a la vez, expresar lo que de esa vida se quiere o espera. Y si el significado es distinto, lo es también el significante: vocabulario, imágenes, simbología. Una poética para cada tiempo, una voz para cada ansia (225).

La tendencia realista se extenderá a otra generación poética, la que se ha llamado «del 50», y de la que formarán parte un amplio número de autores entre los que destacan Ángel González, Francisco Brines, Claudio Rodríguez, José Ángel Valente o Jaime Gil de Biedma. Estos poetas marcarán ciertas diferencias respecto a la de la generación de posguerra, según Leopoldo de Luis, debido a su tendencia a la «contención» y «brevedad», que resultarían del paso de un realismo social a un realismo crítico, situando la reflexión desde un «yo» poético más marcado, y con mayor uso de la ironía.

3

METAPOESÍA

«Solo hay dos grandes temas que contienen y resumen
en poesía a todos los demás: la existencia del hombre
y la propia creación poética».
Fanny Rubio y Jorge Urrutia

«J'ècris: ceci est le premier degré du langage. Puis j'ècris
que j'ècris: c'en est le second degré»[3].
Roland Barthes

3.1. ¿Metapoesía?

Se encuentra formulado entre interrogaciones por lo
poco familiar que suele sonar el término y la extrañeza
que provoca. Nos estamos refiriendo a la reflexión poética dentro de la propia poesía, y casi definiendo un sub-
género —trascendiendo lo puramente temático— tenemos
la denominación «metapoesía».

Encontramos lo *meta* en cualquier manifestación artística. Apunta Sánchez Torre que «una simple ojeada al arte
de nuestro siglo revela la frecuencia y el protagonismo que
han cobrado las formas autorreflexivas, los cuadros, las
películas y los poemas que hacen del cuestionamiento de
las convenciones de la pintura, del cine y de la literatura
su razón de ser» (9). Sin embargo, una expresión metaar-
tística no tiene por qué cuestionar ninguna convención;

---

3   «Escribo: esto es el primer grado del lenguaje. Escribo que escribo:
es el segundo grado».

puede, por el contrario, reafirmarla, o simplemente partir de una intención experimental.

He de mencionar un *caso meta* que me viene en mente enseguida al tratar este tema, y es el de la película de Quentin Tarantino *Once upon a time in Hollywood*. El largometraje gira en torno a un suceso trágico real que aconteció en Los Ángeles, y sus personajes son profesionales del cine. La escena en que lo meta trasciende lo temático y pasa a lo formal, alcanzando su culmen, narra el proceso de grabación de una película por parte de uno de los protagonistas, que es actor. El personaje de Leonardo di Caprio no se siente seguro, no es capaz de terminar de rodar con éxito una escena, pues olvida el guion, y debe repetir la toma una y otra vez. Mientras, lo que el espectador ve, es exactamente lo que la cámara del relato está filmando, de modo que la cámara ficcional y la cámara real se funden en la misma. Cuando lo vi en el cine, lo que pensé fue que lo meta era, sobre todo, una declaración de amor por parte del autor hacia la propia disciplina artística.

Curiosamente, y este es otro aspecto fascinante de lo meta, cada vez que en la historia del arte, pero sobre todo en la de la literatura, y antes en la del pensamiento y en la sociedad, se han dado cambios materiales que han provocado un conflicto en la hegemonía ideológica, la reflexión sobre la creación ha inundado el contenido de la lírica. Podemos remontarnos a la Edad Media, cuando el sistema feudal buscaba legitimarse a través de los textos de la llamada clerecía y hacer frente a la palabra de la tradición oral —no escrita, y por tanto, pecaminosa—. Recordemos estos versos del *Libro de Aleixandre*: «Mester traigo fermoso, non es de joglaría/ mester es sin pecado, ca es de clerecía/ fablar curso rimado por la cuaderna vía/

a sílabas cuntadas, ca es grant maestría». En esta cosmo-visión, la verdad está ligada a la escritura del verso, con una gran importancia de lo formal. Pero si avanzamos siglos más adelante, en el Barroco volvemos a ver un repunte de la atención sobre la palabra. Pérez Parejo realiza este repaso histórico para dar cuenta de la presencia de esta tendencia a lo largo de la historia:

> Esta tendencia de autoindagación y crítica del lenguaje estuvo siempre presente en la actividad literaria desde sus orígenes [...] El origen de la crítica del lenguaje hunde sus raíces en las más fabulosas leyendas bíblicas (La Torre de Babel), se inaugura filosóficamente con los sofistas y Platón (Fedro, Crátilo), pasa por la filosofía de la Edad Media (escolásticos, nominalistas), es tema esencial en la literatura desde el Romanticismo (Hölderlin, Poe, Keats) y especialmente en el eje del Simbolismo-Modernismo-Vanguardias [...] cobra un protagonismo radical en la filosofía de finales del XIX y comienzos del siglo XX [...] y en la crítica y teoría literarias del último tercio del siglo XX (12).

Parece natural que un autor lleve al plano de su obra la reflexión en torno a la labor creativa, ¿pero cómo es la recepción del metapoema? Leopoldo Sánchez Torre observa lo siguiente: «en el discurso metapoético se produce una tensión que aumenta la complejidad de su recepción [...] Es la tensión entre lenguaje poético y lenguaje teórico» (99), y habla de la «expectativa meta» como clave en la lectura.

En efecto, la reflexión literaria en el interior de los propios textos literarios ha estado profundamente ligada a los estudios literarios y a la filosofía del lenguaje, es decir, a lo teórico. Las cuestiones que se plantean en los metapoemas se encuentran a menudo vinculadas con planteamientos acerca del lenguaje humano, tales como «la desconfianza en el lenguaje, sus dificultades para acceder al mundo adecuadamente, sus limitaciones que afectan también a los límites del pensamiento, la inefabilidad, la cortedad del decir, etc.» (Pérez Parejo 93), así como a las poéticas de determinadas corrientes o autores. No obstante, Sánchez Torre aclara: «no debe olvidarse que el lenguaje del metapoema es siempre lenguaje poético» (99), no porque sea un lenguaje preciosista, sino porque su contexto es el de la desautomatización del mismo que se produce en la literatura, una desautomatización que parte de una intención estética, independientemente de su público y contenido; «puesto que en el metapoema están en tensión dos lenguajes, el poético y el teórico, en el metapoema están en tensión dos modos de conocimiento: el estético y el científico» (122).

Nos remitimos a la primera cita del epígrafe con el que hemos introducido este apartado, extraído del prólogo que realizan Fanny Rubio y Jorge Urrutia a la *Antología* de Leopoldo de Luis: «Solo hay dos grandes temas que contienen y resumen en poesía a todos los demás: la existencia del hombre y la propia creación poética» (11), y esta es la perspectiva desde la que abarcaremos el análisis que nos ocupa en adelante. El contenido de esta cita, aunque asume la cuestión tematológica, se acerca bastante a la visión que destacábamos a principio del capítulo y que sitúa la reflexión poética en un espectro que va mucho más allá, como describe Pérez Parejo: «La meditación sobre la poesía en la propia poesía no puede ser un tema entre otros, sino una cuestión de génesis, ontológica, epistemológica y existencial» (13). Así, hablaremos, como también lo hace este crítico en su estudio, de «práctica metapoética» propiamente dicha, así como de «metapoema», en lugar de «práctica poética» o «poema» con la reflexión poética como tema.

En cualquier caso, y esto tiene más que ver con la segunda cita (la de Barthes), el poeta que escoge abordar en su creación esta misma labor lo hace desde unas conciencia y consciencia claras: conciencia poética y existencial (a veces también social); y consciencia de la labor que está llevando a cabo. Este tipo de reflexión, inducida tanto por factores contextuales como individuales, es lo que da lugar a lo meta.

3.2. La práctica metapoética de los 50 y 60

La tensión entre lo estético y lo teórico de la que hablábamos en el anterior apartado se manifiesta con intensidad en la poesía social de posguerra, pues se crea un discurso poético que pone de relieve la realidad, pero esto se hace desde un paradigma ficcional: «la insistencia en el carácter veraz del relato [...] entra así en contradicción aparente con la ficcionalidad de la literatura» (Sánchez Torre 185). La práctica metapoética resurge con fuerza en las décadas posteriores a la Guerra Civil, pero si pueden establecerse ciertos subtemas en torno a ella, uno de los que podemos destacar es el identificado por Ramón Pérez Parejo como «crítica de la autoría» (2007). El asunto del oficio de escritor ha sido abordado por los poetas de posguerra desde distintas perspectivas; para Celaya, ser poeta equivale a ejercer como «un ingeniero del verso y un obrero», de manera que muestra una visión optimista de la poesía y del autor presentándolos como útiles para la sociedad, mientras que también criticará en el famoso poema «La poesía es un arma cargada de futuro» los versos de aquellos que «lavándose las manos se desentienden y evaden». Dentro de esta crítica de la autoría existe del mismo modo una «crítica de la inspiración» en la que «los poetas se burlan abiertamente de la concepción sobrenatural de la inspiración» (Ibid. 264).

Leopoldo Sánchez Torre (1993) señala dos «desplazamientos funcionales» en el metapoema: el del discurso teórico (exposición de una poética personal o declaración de principios poéticos) y el del discurso crítico (juicio sobre determinada corriente, toma de posición). Este último estaría identificado con la metapoesía social de posguerra.

Abordando los periodos poéticos que nos conciernen, que abarcan los treinta años después de la Guerra Civil, aproximadamente, en las cuestiones tratadas en la reflexión poética se perciben cambios y evoluciones respecto al tratamiento de cada una de ellas. Especialmente interesante se hace el debate entre lo *puro* y lo *impuro* dentro del propio verso, sobre todo desde la corriente realista de la poesía social, en la que se critica la corriente esteticista. En el paso al realismo crítico de la generación del 50, la crítica a la poesía pura prosigue su camino, pero las composiciones adquieren un tono irónico más marcado. Lo vemos, por ejemplo, en este poema de Ángel González, «Contra-orden» (González 170):

> Esto es un poema.
> Aquí está permitido
> fijar carteles,
> tirar escombros, hacer aguas
> y escribir frases como:
> Marica el que lo lea,
> Amo a Irma,
> Muera el... (silencio),

Arena gratis,
Asesinos,
Etcétera.
Esto es un poema.
Mantén sucia la estrofa.
Escupe dentro.
Responsable la tarde que no acaba,
el tedio de este día,
la indeformable estolidez del tiempo.

Sin embargo, cuando se han establecido los rasgos de cada generación, se ha hecho partiendo de la escritura de los hombres que finalmente han conformado las nóminas canónicas, por lo que se ha ofrecido una visión sesgada de la poesía de cada tiempo. Pensemos, por ejemplo, en la denominación «triunvirato vasco»[4] referida al trío de poetas formado por Gabriel Celaya, Blas de Otero y Ángela Figuera —a pesar de que en los dos triunviratos romanos solo hubiera hombres—: como adelantábamos en el primer apartado, la realidad es que la obra de la última no se ha estudiado ni difundido a un nivel ni siquiera semejante al de sus compañeros, y por supuesto, la poética que dejó plasmada en sus metapoemas ha caído en el olvido para la crítica a la hora de caracterizar los preceptos del momento literario al que perteneció.

Llegados a este punto cabe preguntarnos por el lugar que ocupan en todo esto mujeres como Ángela Figuera. En la *Antología consultada* del 52 —que apareció no exenta de polémica— todos los poetas son hombres; en la de Leopoldo de Luis tan solo encontramos cuatro mujeres frente a veintiséis varones, mientras que, varias décadas

---

4   Lo acuña Emilio Miró en el artículo de *Ínsula*: «Dos antologías: Juan Alcaide y Ángela Figuera», n° 327, febrero de 1974.

más tarde, la crítica feminista ha reivindicado a poetisas que podrían haber sido tenidas en cuenta para el estudio de estas generaciones; mujeres que, a pesar de la calidad de su obra, han sido excluidas o ignoradas, lo que las ha condenado a una invisibilidad injusta y arbitraria, más aún si pensamos que sí llegaron a ocupar espacios. Traemos a colación la antología de Carmen Conde *Poesía femenina española (1939-1950)*, en la que participa una amplia selección de poetisas, entre ellas, Ángela Figuera Aymerich. En el prólogo de esta, Conde admite: «actualmente escriben en España muchísimas mujeres y aunque nuestra intención se limite a las poetisas, hay que decir que las novelistas, ensayistas, historiadoras, cuentistas, periodistas, cuentan también en gran número» (10). ¿Por qué, entonces, el trabajo recopilatorio de Carmen Conde y la escritura de esas mujeres no han trascendido a la crítica al nivel que lo han hecho otras obras y antologías? María Rosal Nadales, acerca de las últimas, reflexiona con agudeza:

> A estas antologías con presencia exclusiva o mayoritarias de varones se las denomina «antologías generales», nunca «antologías masculinas», en cambio cuando los términos se invierten y la presencia es de mujeres mayoritaria —completamente femeninas, por los casos que conocemos— se las llama, sin ningún sonrojo, «antologías parciales» o «de mujeres» (143).

Cuando en ensayos como el de Leopoldo Sánchez Torre se teoriza sobre el concepto de «metapoesía» y se pretende tratar la que pertenece a las décadas de la posguerra sin tomar a ninguna poetisa para el análisis, se está partiendo de un error de base que repercute en las posteriores conclusiones. Podemos hablar, así, de una falta de rigor en el hecho de no tener en cuenta la escritura de las mujeres, pues el corpus de poemas seleccionado está sesgado, intencional o inintencionalmente. La metapoesía escrita por mujeres es distinta de aquella escrita por hombres, y viceversa, pues parten de experiencias vitales, en las que también se incluyen los contextos creativos, muy distintas, especialmente en el marco de una dictadura fascista. Esta tesis, también aplicada en metapoesía, es la defendida en este trabajo.

4

MUJER, GÉNERO Y ESCRITURA
(Una aproximación teórica)

«Feminist criticism and women's literary history do not depend on the discovery of a great unique genius, but on the establishment of the continuity and legitimacy of women's writing as a form of art»[5].

Elaine Showalter

«Hoy no sirve aquel adjetivo "femenino" para calificar desdeñosamente la obra poética de la mujer; pero tampoco ninguna de nosotras se sentiría halagada, sino más bien ofendida por la incomprensión, si se nos dijera que escribimos como hombres. No, como hombres no; como mujeres que se saben plenamente, sí».

Carmen Conde

Cuando se habla acerca del lugar que ocupan las mujeres en la historia de la literatura, existe un pensamiento recurrente: no ha habido tantas escritoras como escritores porque no podían acceder a la misma educación y porque no disfrutaban del mismo tiempo libre que ellos. Este argumento se desmonta tomando en consideración, primero, la cuestión de clase, a la que nos remite irremediablemente el oficio de escritor. Joanna Russ tampoco la obvia:

---

5   «La crítica feminista y la historia de la literatura escrita por mujeres no dependen del descubrimiento de una gran única genio, sino de la normalización de la continuidad y la legitimidad de la escritura de las mujeres como expresión artística»

«la pobreza y la falta de tiempo libre son frenos realmente potentes en el arte» (36).

Las actividades intelectuales, históricamente, se han mantenido fuera del alcance de la clase trabajadora, salvo contadas excepciones, pues el acceso a la cultura ha estado en manos de la burguesía, de la nobleza o de determinados sectores de la población con cierto estatus social que les permitía cursar estudios superiores; en este sentido, recibían educación tanto hombres como mujeres, aunque ni del mismo tipo ni, en la mayoría de los casos, en igual proporción, y muy distinto era, eso sí, el lugar que la superestructura patriarcal guardaba para unas y otros. Lo mismo sucede con la cuestión del «tiempo libre». A este respecto, bien es conocido el hecho de que la mujer burguesa era la gran consumidora de literatura a principios del siglo XX. Tanto es así, que en los fascículos literarios aparecían anuncios de productos enfocados al consumo femenino, como aquellos incluidos en la colección *La novela teatral*, publicada entre 1916 y 1923 en España, en cuyas páginas también se encontraba publicidad de la revista femenina *Frine*.

De modo que, a no ser que defendamos que la inclinación por la pluma solo se despierta en el sexo masculino, en la mujer, en tanto que lectora, existe y ha existido siempre la misma posibilidad de llevar a cabo la escritura.

En cuanto a ciertas capas cultas y relativamente acomodadas de la sociedad, que no siempre pertenecían a la nobleza o a la burguesía, conviene no olvidar la mítica cita de Virginia Woolf: «una mujer debe tener dinero y una habitación propia» (10), pero el cuarto de una mujer ha sido en innumerables ocasiones una cocina, o cualquier otro espacio común de la casa que quedaba deshabitado a determinadas horas del día. La realidad de los autores del siglo XX en España y Europa (de la que forma parte la poetisa que nos ocupa) tiene mucho que ver con este estrato de la sociedad. En el caso de las mujeres que pertenecían a ella, el trabajo no remunerado dentro del hogar, además del remunerado que se realizaba fuera, les ocupaba una buena porción de tiempo. Tiempo vital robado por la condición de género del que sí gozaban los hombres.

En definitiva, no se resuelve el conflicto de la mujer y su presencia en la literatura arguyendo que las mujeres no escribían, como si de un fenómeno biológico se tratase, porque es falaz. Por otro lado, la crítica feminista se ha encargado de destapar a todas estas mujeres arrinconadas en la historia, y nos muestra cada vez a más; existen, luego la raíz del problema está más bien en una exclusión clara por parte tanto de compañeros de oficio como de editores y críticos que no han considerado relevante incluirlas a ellas en los círculos literarios ni a su obra en publicaciones, reseñas o estudios. La clave reside en el patriarcado y la visión que ha instalado acerca de la mujer como sujeto menos válido que el hombre para la actividad intelectual. Esto ya ha sido considerado por las feministas al abordar la crítica literaria: «it has been difficult for critics to consider [...] women's literature theoretically because of their tendency to project and expand their own culturebound stereotypes of femininity, and to see in women's writing an eternal opposition of biological and aesthetic creativity»[6] (Showalter 1977 7). En la misma línea escribe Joanna Russ el cuarto capítulo («Contaminación de la autoría») de su *Cómo acabar con la escritura de las mujeres*; en él, la autora

---

6   «Ha sido difícil para los críticos considerar teóricamente a las novelistas y a la literatura femenina debido a su tendencia a proyectar y expandir sus propios estereotipos de feminidad, y ver en la escritura femenina una eterna oposición a la creatividad biológica y estética»

expone cómo, desde la creencia decimonónica positivista acerca de la inferioridad intelectual de la mujer, se ha etiquetado socialmente de ridículo el acto de hacer arte si viene del sexo femenino, y habla de «críticas ad feminam»; es decir, juicios a las intelectuales como mujeres, partiendo de la idea patriarcal de lo que una mujer debe ser, y no en función de su labor como intelectuales. Todo ello ha llevado a una preponderante experiencia masculina en el canon literario.

La exclusión sigue presente, pues, a pesar de la amplia nómina de escritoras con la que contamos, las mujeres continúan a los márgenes del canon, fuera del grupo de «los grandes nombres» de la literatura, dejando atrás a la poesía que nace de una experiencia distinta, y que, por ende, contiene unos temas, estilos y formas diversos. Estos tres niveles del texto literario y la asumida *diferencia* han sido objeto de estudio de la crítica feminista o *ginocrítica*.

No obstante, la traducción al español de los términos puede llegar a simplificar demasiado, por lo que trataremos de esclarecer este horizonte antes de continuar.

La teoría crítica feminista se desarrolla en los estudios literarios a partir de los años 60, con la tercera oleada del feminismo[7]. Como explica Showalter (1989), mientras que la crítica feminista se estaba desarrollando en las universidades americanas, en Reino Unido tomó su camino a través de publicaciones fuera del seno académico, en estrecho vínculo con el análisis marxista. Mientras tanto, en el ámbito francés el foco estuvo en el lenguaje, en cómo

---

7   Cabe matizar que hablar de *un* feminismo con distintas olas deja de lado la cuestión de clase, que siempre ha atravesado al movimiento. Independientemente de estas «olas» en las que se ha clasificado la historia del movimiento por los derechos de las mujeres, han existido discursos y reivindicaciones burgueses, por un lado, y marxistas, por otro.

a través de él se expresaba la «feminidad», con base en los estudios lacanianos y estructuralistas de Roland Barthes. Así, se comenzó a hablar de *l'écriture féminine*; Luce Irigaray se adentró en su *parler femme*; Hélène Cixous se colocó en una línea que pretendía indagar entre las relaciones cuerpo, sexualidad y escritura; y para Julia Kristeva, en palabras de Showalter: «el discurso de mujer que rompe con la tradición es un acto político de disidencia, una forma de acción feminista» (1989 9).

La *ginocrítica* de Showalter reconoce una *diferencia* en la escritura de hombres y mujeres, pero esta de ningún modo se basa en lo sexual, sino en lo experimental; lo que Showalter pretende es el análisis y el estudio de temáticas y rasgos estilísticos presentes en las obras literarias producidas por mujeres, frente a «lo universal» de aquellas escritas por hombres (1977). La «universalidad» de la que hablamos —una especie de vara de medir— no es ni más ni menos que la puesta en marcha de una ideología sobre la que se sustenta un canon, por lo que los criterios de calidad estética están condicionados por ella.

De esta forma, bajo una hegemonía ideológica patriarcal y burguesa se han reproducido y canonizado unos tópicos —muchos de ellos, machistas y estereotipados—, estilos y formas determinados que se han erigido como «buena literatura».

En medio de todo esto, el objetivo último de la crítica feminista es incorporar al canon a las autoras que han quedado desplazadas, y sobre todo, universalizar la experiencia femenina a través de la visibilización de las escritoras y del estudio de sus temas y formas.

Magda Potok llama «marcas de feminidad» a estos rasgos propios, que pueden ir desde la caracterización de personajes a ciertos rasgos estilísticos, o a la selección de temas que se han visto en la escritura propiamente de mujeres: la violencia machista en las distintas facetas de la vida; las relaciones entre mujeres y de estas con los hombres, conflictivas, habitualmente; o las preocupaciones sobre su mundo interior y su cuerpo, convertido en tabú (214). Potok añade al respecto:

> La experiencia femenina tiene varias facetas: la que deriva directamente del cuerpo (la menstruación, la ovulación, la gestación, la maternidad, etc.) y la que está configurada social e históricamente: esta instruye a la mujer en una identidad que debe asimilarse y en un rol que debe ser reproducido. Todas estas experiencias marcan la existencia de la mujer, determinan su percepción del mundo y definen su identidad. En consecuencia quedan reflejadas en su producción cultural. De ahí que podamos considerar el discurso literario como expresión de una experiencia, en este caso femenina. A fuerza de la distinta situación corporal y distinta socialización del sujeto, la práctica discursiva femenina resulta *diferente* a la del hombre y común a la de otras mujeres, lo cual permite categorizar genérica y colectivamente las obras literarias (Potok 208).

Resulta especialmente interesante, al hablar en términos poéticos, la descripción que realiza Sharon Keefe de la poesía escrita por mujeres. Según Keefe, la poesía refleja, en muchas ocasiones, un proceso de búsqueda interior que, en el caso de las mujeres, se liga a su condición de género. En el «yo» poético de las voces femeninas se ve también una expresión de rebeldía frente a lo establecido; así, la poesía se presenta como «un espacio libre de las limitaciones habituales» (157).

Sobre la poesía de mitad de siglo española, Keefe concluye que, si bien una «poesía de conocimiento» es común a hombres y mujeres, «en el proceso poético de conocerse a sí mismas las mujeres acaban, explícita o implícitamente, enfrentándose con el género mientras que para los poetas heterosexuales el género no juega un papel significativo en la búsqueda de la identidad personal» (63). Esto resulta de gran relevancia para comprender la poesía escrita por las poetisas pertenecientes a esas coordenadas espacio-temporales. Como adelantábamos en un apartado anterior, ser mujer e intelectual durante el franquismo no estaba libre de dificultades; significaba oponerse, con la propia existencia, a todo un sistema político, económico, social e ideológico, lo cual no es nada fácil de llevar a nivel individual, y abre una batalla desde lo colectivo. Yasmina Romero Morales y Luca Cerullo publican en 2020 un ensayo con prólogo de Soledad Puértolas titulado *Incómodas. Escritoras españolas en el franquismo*:

> Incómodas porque eran mujeres profesionales en un momento de retroceso dentro de su proceso de emancipación, cuando se perdieron todos los derechos reivindicados y conseguidos durante la Segunda República [...] porque desafiaron los roles y espacios asignados, transgrediendo el tipo de feminidad que dictaba el nacionalcatolicismo [...] por el tema elegido para sus textos, porque ¿qué contenido literario o trama puede surgir para una novela o un cuento cuando se escribe desde el silencio? Y, finalmente, fueron escritoras incómodas para el canon porque, como adelantábamos, no tratamos a autoras ya rescatadas o conocidas (Romero y Cerullo 19).

Este adjetivo que escogen los autores, «incómodas», describe de forma concisa lo que representaron estas mujeres para el régimen.

Ángela Figuera Aymerich fue una de ellas, una de las mujeres que jamás concibieron el silencio como forma de vida, que escogieron ser, estar, observar y decir, y que nunca se arrinconaron bajo la sombra del yugo y las flechas. Fueron una España que no dejó de existir, a pesar de todo, mirando siempre hacia delante y resistiendo con los ojos abiertos. Muy pocas de estas mujeres valientes que han participado en la historia de la cultura y del arte españoles han trascendido como ellos, y prácticamente a ninguna se le ha concedido el mismo espacio; sin embargo, el lugar que no han ocupado desde lo institucional lo han tomado desde una presencia, podríamos decir, *underground*, habitando las brechas y abriendo huecos para ellas.

Tenemos ejemplos como el de Gloria Fuertes, Adelaida Las Santas y María Dolores de Pablos, que fundaron la tertulia «Versos con faldas», solo para mujeres, de la que llegó a formar parte Ángela Figuera (González y Zabala 2012).

La necesidad de creación de estos espacios «seguros» no mixtos no puede sino responder a una conciencia clara, por parte de las autoras, de no estar siendo escuchadas e incluidas en los círculos mayoritariamente masculinos. Joanna Russ advierte esta tendencia entre las autoras de cada generación, huérfanas de referentes femeninos: «Los grupos de apoyo de mujeres existen, pero deben crearse de nuevo en cada generación [...]. Cuando se entierra la memoria de nuestras predecesoras, se asume que no había ninguna y cada generación de mujeres cree enfrentarse a la carga de hacerlo todo por primera vez» (164, 173). De esta forma, descubriéndonos y leyéndonos entre nosotras, las autoras de una misma generación, se va entretejiendo en la historia un hilo morado: la tradición femenina, de la que, por desgracia, solo se tiene consciencia cuando, más allá de nuestra formación académica, llevamos a cabo una ardua tarea de investigación para hallarla. También expresa esta inquietud Elaine Showalter: «Thus each generation of women writers has found itself, in a sense, without history, forced to rediscover the past anew, forging again and again the conscious of their sex»[8] (12 1977).

Ya casi nos adentramos al cuerpo del trabajo, al asunto que realmente nos ocupa, tras toda la contextualización expuesta hasta ahora, pero antes debo resolver una cuestión pendiente desde el inicio, que bajo este apartado resulta oportuna: *¿poetisa?*

Defiendo el empleo de este término por convicciones personales cuya fundamentación me gustaría exponer, aunque, en primer lugar, me parece pertinente aclarar qué relación podría haber existido entre Figuera y la palabra «poetisa». En 2018, María Bengoa, autora de la biografía *La poeta Ángela Figuera*, comentó lo siguiente en un blog donde se reseñaba el libro: «Pilar, gracias por esta entrada. Ángela odiaba que la llamaran poetisa, por eso titulé el libro *La poeta Ángela Figuera*. Me lo contó su hijo Juan Ramón en una de mis entrevistas telefónicas»[9]. Sin embargo, en el prólogo de Fran Garcerá a la edición facsímil de *En la delgada arista* se desvela la dedicatoria con que Ángela Figuera se dirigía a Carmen Conde al enviarle un ejemplar de *Mujer de barro*: «A Carmen Conde, mujer y poetisa» (6). Cuando hablé con José Ramón Zabala Agirre, que, para su trabajo, llegó a entrevistarse con Julio Figuera y con el hijo de la pareja, Juan Ramón, me confirmó que a Ángela no le gustaba demasiado que se refiriesen a ella

---

8 «De este modo, cada generación de escritoras se ha visto a sí misma, en cierto sentido, sin historia, obligada a redescubrir el pasado de nuevo, forjando una y otra vez la conciencia de su sexo».

9 https://blogs.upm.es/nosolotecnica/2016/01/27/veinte-anos-de-un-hijo-angela-figuera-maria-bengoa/

como «poetisa», y apuntó algo en lo que yo no había reparado: tal vez, si llamó a Conde «poetisa», lo hizo para respetar la terminología que usaba su compañera, quien sí empleaba el término habitualmente. Por otro lado, vemos su uso por parte de Figuera en el poema «Exhortación impertinente a mis hermanas poetisas». En este poema, no obstante, el empleo de «poetisa» ha sido interpretado como irónico y peyorativo, aunque sobre él profundizaremos más adelante.

Sea como fuere —y con el permiso de Ángela, quien pudo haberse posicionado de manera distinta a lo largo de su vida—, basándonos en el marco teórico desde el que partimos, no deberíamos tener ningún problema en asumir que, si bien el término «poeta» ha servido y sirve para el género femenino, existe otro que es «poetisa», cuyas connotaciones negativas no vienen sino de la propia denotación: 'mujer que escribe poesía'.

Si lo connotativo de un término es cultural, aquí nos damos de bruces con una cultura misógina. Lo dejó clarísimo Leopoldo Alas Clarín: «la poetisa fea, cuando no llega a poeta, no suele ser más que una fea que se hace el amor en verso a sí misma [...] La poetisa hermosa no tiene perdón de Dios. ¡Hermafrodismo odioso y repugnante! ¡Ser Venus y López Bago en una pieza!», o en otras palabras, es antinatural («hermafrodismo odioso y repugnante») ser una mujer bella y escribir poesía, que son correlativos a «ser Venus» y hombre. Por tanto, se presenta la actividad de la escritura como impropia del género femenino, de modo que es imposible la existencia de una poetisa respetable, porque a eso se refiere Clarín con «poetisa», a la mujer escritora de poesía. Como explica Laura Freixas en el prólogo de *Madres e hijas*:

> La palabra poetisa [...] está tan cargada de connotaciones peyorativas [...] que las mujeres que escriben poesía optan hoy, unánimemente, por llamarse a sí mismas «poetas». No es de extrañar que muchas escritoras aspiren a una literatura asexuada, como sinónimo de literatura de calidad, de verdadera literatura. Que aspiren a ser consideradas escritores. Pero adoptando esa actitud, caemos en la trampa de identificar masculino con universal. Hacemos el juego a los que piensa, como aquel crítico de arte, que «cuando las pintoras pintan bien, ya no son pintoras, son pintores», silogismo del que se traduce que pintar (o escribir) como mujer es pintar (escribir) mal. En el fondo, si ocultamos nuestro sexo es porque lo consideramos el segundo. Pero ocultándolo, no estamos rebatiendo ese supuesto carácter inferior: lo estamos aceptando (Freixas 20).

Salvando las confusiones o errores que comete Laura Freixas al utilizar el término «sexo» en este contexto (en lugar de «género»), el análisis encaja con un hecho descrito ya por Showalter (1977): la imitación por parte de las autoras de la tradición patriarcal para encontrar igual reconocimiento y prestigio que el de los hombres.

También Rosa Díaz se posiciona a favor del uso de «poetisa», en una entrevista de 2005 referida por María Rosal Nadales (372):

> Si la mujer quiere por fin dar el definitivo paso de la igualdad con el hombre, tendrá que abdicar de sus complejos, esos que le ha hecho adquirir una sociedad machista, creándole la mala conciencia de que admitir ser poetisa es adquirir la segunda categoría de su condición de mujer [...] Yo estoy muy de acuerdo en que haya azafatos y juezas, matrones y fontaneras, y por supuesto, poetas, hombres, y poetisas, mujeres.

Compañeras, no tengamos miedo de nombrarnos, pues nuestras antecesoras lo hicieron, y aunque prefiramos usar «poeta» para todos los casos (esto es algo muy personal), dejemos de erizarnos con un sufijo femenino; todos los poemas que abordaremos en adelante lo llevan.

5

ÁNGELA FIGUERA AYMERICH:
MUJER DE BARRO Y VERSO

5.1. Apuntes biográficos: puntos de partida[10]

Jesús Ángel Figuera llega a España desde Cuba con su hermano para estudiar en la península. Eran hijos del gobernador de la provincia de Nueva Paz. Jesús Ángel termina la carrera de Ingeniería Industrial en Barcelona, y en sus años de estudiante conoce allí a Amelia Aymerich, hija de una familia valenciana de artesanos, pero mudada recientemente a la Ciudad Condal con su madre. Los jóvenes se enamoran, se casan y se instalan en Bilbao, donde él consigue la cátedra de Geometría Descriptiva en la Escuela de Ingenieros Industriales, fundada poco tiempo antes. Así, el matrimonio comenzará a desarrollarse con estabilidad económica, aunque sin grandes ingresos, y el 30 de octubre de 1902 nacerá su primera hija: Ángela Herminia Marcelina Figuera Aymerich.

A Ángela le siguieron Ramón (que falleció con muy poca edad), Rafael, Amelia, María Begoña, Felipe, María Paz, Germán y Diego. Con Diego, el pequeño, Ángela

---

10   La información biográfica resumida aquí se recoge fundamentalmente del trabajo de Pablo González de Langarika y José Ramón Zabala Agirre, *Ángela Figuera Aymerich. Entre la sombra y el barro.* Para conocer su vida en profundidad, es indispensable su lectura, así como la de *La poeta Ángela Figuera (1902-1984)*, de María Bengoa, acompañado de numerosas y curiosas fotografías.

tendría una relación muy especial, casi materno-filial. La salud física y mental de la madre era débil, por lo que serían su abuela, Purificación Sánchez, y la propia Ángela las que cuidarían de la numerosa familia.

La primogénita creció desarrollando una estrecha relación con su padre y una habilidad especial para tratar con los niños, que la adoraban. Era también muy buena estudiante, y aunque destacaba en todas las materias, pronto dejó ver su predilección por las humanidades. Hasta aquí todo transcurría con relativa normalidad, además, como cuentan González y Zabala, «la lectura, en general, estaba considerada como un elemento básico de la formación femenina de la época» (21). Sin embargo, al terminar el Bachillerato, Ángela quería estudiar Filosofía y Letras, pero su padre esperaba para ella algo más pragmático y seguro, así que el conflicto provocó un parón de dos años en la formación de la joven, pues no cedió ante la imposición de su padre, y fue él quien tuvo que resignarse ante una personalidad que ya se definía arrolladora. En Bilbao no existía ninguna facultad universitaria, así que Ángela tuvo que estudiar «a distancia», examinándose en Valladolid. Por estos años, recoge sus primeros poemas, fechados entre 1920 y 1926, y los agrupa en lo que Zabala Agirre llama su *Cuaderno inédito*, al que hasta ahora solo él ha podido tener acceso y cuya decisión por parte de la autora de no publicarlo ha sido respetada por la familia.

Poco tiempo después, a los Figuera Aymerich les tocó vivir un trágico episodio: la muerte de Jesús Ángel Figuera en 1926, con tan solo cuarenta y ocho años, a causa de una pulmonía. Este fallecimiento acarrea también problemas económicos: a Ángela le faltaba un año para terminar la carrera de Filosofía y Letras, y la pensión que les había quedado no resultaba suficiente. En la correspondencia que Ángela Figuera intercambiará con Max Aub, recuerda así este período de su vida:

> Me vi a los 23 años (a la muerte de mi padre, que sin un céntimo de capital, se ganaba muy bien la vida como ingeniero), cabeza responsable de siete hermanos menores que yo, sin terminar yo misma la carrera, sin dinero, y, además, una madre y una abuela, que desde el punto de vista económico y de apoyo moral, me resultaban completamente inútiles, ya que la educación de las mujeres de clase media en España todos sabemos lo que era en sus tiempos (González y Zabala 30).

De modo que recurre a la familia de su tío paterno, que vivía en Madrid. Se traslada a su casa y termina en la capital el último año de carrera. El hijo de sus tíos y primo, Julio Figuera, a quien Ángela no veía desde que era un niño, será su futuro marido. Se enamoraron durante ese año de convivencia, y al terminar el curso ya eran novios.

Finalizada la carrera, la joven Ángela vuelve a Bilbao, y para aportar económicamente a la familia comienza a trabajar en una empresa de aceros italiana, aunque solo dura unos meses. Por otro lado, su madre y su hermana Amelia empiezan a confeccionar sombreros para una tienda de Madrid. El fallecimiento en 1930 de la abuela, Purificación, hace que la madre tome la decisión de mudarse con sus hijos a Madrid, donde, sin duda, habría más oportunidades. Ángela tiene entonces casi 28 años, y pocas veces más volverá a Bilbao.

Una vez en Madrid, Ángela empieza a dar clases particulares, al mismo tiempo que trabaja en los colegios Decroly y Montessory. En 1933 obtiene la plaza de Profesor Encargado de Curso de Literatura en Huelva y Julio se preparó unas oposiciones para el Cuerpo Facultativo de Estadística, para las que solicitó plaza en la misma ciudad.

El 15 de enero de 1934 se casaron, e inmediatamente se mudaron al sur. Fue allí, en Huelva, donde en 1935 Ángela dio a luz por primera vez, con la mala fortuna de que el niño muriera durante el parto. En la primavera de 1936 volvió a quedarse embarazada. Apenas unos meses después estallaría la Guerra Civil.

Es el 15 de julio de 1936 cuando el matrimonio viaja a Madrid para que ella realice un curso con el fin de obtener su nombramiento como Catedrático de Instituto. En esos días, el 18 de julio, se produjo el levantamiento militar, y Julio se alistó en un batallón de milicianos. Ángela dio a luz en la madrugada del 30 de diciembre, en mitad de un bombardeo, mientras que Julio se encontraba en Lorca realizando un curso para oficiales de artillería, así que conoció a su hijo Juan Ramón días después, cuando fue de nuevo destinado a Madrid, esta vez como teniente de artillería en el frente de El Pardo.

En febrero de 1937 son evacuados a Valencia. Destinan a Ángela al Instituto de Alcoy como profesora de Lengua y Literatura, y en otoño del 38 Julio es trasladado a Molina de Segura (Murcia) para organizar un taller de carga de proyectiles de artillería en una antigua fábrica de mermeladas. Ángela pidió entonces una plaza en el Instituto de Murcia. El final de la guerra lo vivieron allí, y en plena posguerra decidieron trasladarse a Madrid, donde llamarían menos la atención y tendrían más facilidad para rehacer su vida y encontrar trabajo.

Aquellos años de miedo y represión también salpicaron a la familia que habían formado. Desde los juzgados franquistas citaron a Julio, quien al principio no acudió. Llegaron a ir hasta la casa, pero no lo encontraron. Más adelante, decidió presentarse, y corrió la mejor de las suertes en aquel contexto: fue condenado a libertad vigilada y a acudir cada quince días a comisaría. En julio de 1939, Ángela intentó participar de nuevo en las oposiciones a cátedras de Lengua y Literatura, pero le negaron la posibilidad. En efecto, estaba siendo víctima de la purga en la educación que llevó a cabo la dictadura fascista, por lo que la poetisa se dedicó a la tarea de ser ama de casa. Pero Ángela no se conformó con aquel nuevo rol, y aprovechó la oportunidad de encontrarse en la capital para participar del panorama poético de la época. «Alforjas para la poesía» fue el nombre del primer evento en el que tomó parte; se trataba de recitales en público a los que acudían poetas afines al régimen, como José María Pemán. Este primer contacto con el mundo literario se produjo en un espacio en que existía una clara presencia mayoritaria de hombres. González y Zabala destacan que, «frente a ese mito familiar de la espontaneidad de su poesía y su desinterés por difundirla, sí existía voluntad de publicar por parte de ella, a fin de cuentas todo creador busca dar a conocer sus creaciones» (55).

En 1948 publica su primer poemario, *Mujer de barro*, en la editorial Saeta, donde Julio publicó un manual de Física. A pesar de algunos comentarios negativos que rondaron entorno al libro (no libres de prejuicios), se situó con relativa fuerza en el mundo poético. Ángela llega a enviar un ejemplar a Carmen Conde (Garcerá 2023); a partir de ese momento, comenzará a tejerse una relación de amistad y admiración entre ambas, con un intercambio epistolar frecuente. Nos encontramos en un momento en que la reivindicación por los derechos de las mujeres está permeando en los círculos intelectuales españoles, por lo que la labor poética, sea la de creación o la de edición, va de igual forma adquiriendo un sentido político. En este contexto, cabe destacar la labor de Conde, no solo como poetisa, sino como antóloga, y esta misión para con la cultura y la mujer unía de manera especial a ambas.

Volviendo a la línea cronológica vital de Ángela, por aquellos años la familia Figuera empezó a pasar los veranos en la provincia de Soria, primero en el Burgo de Osma, y después en Hortezuela, donde vivía su hermana Maruja. Fruto de estos meses allí nació *Soria pura*, publicado en 1949; un poemario con tintes juanramonianos que se recrea en la belleza del lugar para realizar también un canto vitalista. A partir de aquí, el éxito literario de Ángela no hizo sino crecer. Como describen Zabala Agirre y González de Langarika:

> Los años 1948 y 1949 fueron claves para su carrera literaria [...] Durante 1949 la escritora afianza de modo definitivo su prestigio con la consecución del premio otorgado por la revista *Verbo* de Alicante a su nuevo trabajo poético, *Vencida por el ángel*, publicado en 1950. Es ya una escritora consagrada y así se le recibe en los círculos literarios. La intensificación en el número de colaboraciones a lo largo de 1950 viene a confirmar esta idea (58).

En 1949, tanto Blas de Otero como Ángela Figuera se presentan al Adonáis, pero no lo obtiene ninguno de los dos por una especie de «tejemaneje» de carácter ideológico, como le escribe ella. El poemario presentado fue *En la delgada arista*, rescatado por Fran Garcerá y por Torremozas a partir del manuscrito que Figuera envió a Carmen Conde, y que luego se concretaría en dos: *Los días duros* y *Víspera de la vida*.

A partir de los años 50, la actividad literaria de Ángela se fue intensificando. Participó en diversas tertulias; cabe destacar «Versos con faldas», a la que ya hemos hecho alusión en el capítulo anterior. En 1952 publica *El grito inútil* con el premio Ifach, y también en este año se desata una nueva polémica a raíz de la publicación de la *Antología consultada de la joven poesía española*, de Francisco Ribes, en la que no se incluyó a Ángela ni a ninguna otra mujer. Por esas fechas, consiguió finalmente un trabajo como bibliotecaria del bibliobús de la Biblioteca Nacional. No le iba a ser permitido volver a ejercer la enseñanza, pero al menos pudo volver a obtener ingresos y no depender tan solo de los de Julio.

En 1953 publicó de nuevo un libro: *Los días duros*. Max Aub, desde el exilio, la admiraba, y escribió esto sobre el poemario en 1956, en un medio de comunicación mexicano: «Ángela Figuera es hoy voz madura y terrible de España. Después de *Hijos de la ira* y de *Redoble de conciencia*, *Los días duros* es posiblemente el mejor testimonio poético español de nuestros días. Y como tal expresión auténtica del aire de su lugar y de su tiempo» (González y Zabala 85).

En esta época, Ángela vuelve al País Vasco y conecta con su mundo cultural a través del contacto con sus intelectuales. Cuando sabían que se encontraba por allí, iban a visitarla a veces admiradores de su poesía.

En cuanto a su conciencia política, aunque no llegó a pertenecer al PCE, simpatizaba con la organización y era firme su compromiso con el movimiento de oposición al régimen. José Luis Gallego, un poeta comunista, fue acogido por Ángela y su marido al salir de prisión: «El hogar de los Figuera funcionaba como una referencia de activismo político. Aquella casa no era solo un punto de reunión sino también de difusión de publicaciones prohibidas» (González y Zabala 97).

Aún estaba por ser publicada, probablemente, su obra más conocida y alabada, y que más polémicas suscitó. En 1956, Ángela le escribe a Max Aub sobre *Belleza cruel*, y este la convence para que lo presente al Premio de Poesía «Nueva España», de la Unión de Intelectuales Españoles en México, pensado para publicar allí lo que la censura franquista no aprobaría. Mientras tanto, en 1957 le habían otorgado una beca para estudiar literatura en París unos meses, donde conoció a Pablo Neruda. Ángela no estaba segura de qué hacer con el libro; tenía claro que no lo iba a publicar en España si la censura la obligaba a modificar una coma, pero también era arriesgado, para ella y para su familia, que una autora ya en el punto de mira de la dictadura (Figuera estaba incluida en la lista del Opus Dei de enemigos del régimen, junto a Blas de Otero y Gabriel Celaya) y cuyo marido había luchado en el ejército republicano, publicase un siguiente poemario de mano de los exiliados políticos del fascismo. No obstante, se embarcará en la aventura, escribiéndole así a Aub: «¿Sabes lo que te digo? Que ya estoy hasta la coronilla de opiniones y de santa Prudencia [...] Hacedlo así, como aquí va, sin quitar nada más. Y venga lo que viniere» (González y Zabala 104).

Lucía Montejo Gurruchaga realiza un informe de la relación que tuvo con la censura la obra de Ángela Figuera a partir de los expedientes hallados en el Archivo General de la Administración Civil del Estado en Alcalá de Henares, y la conclusión que se extrae de ello es el poco ojo poético de los censores. Aunque con algún bache, toda su obra consigue publicarse sin que los censores terminen por eliminar versos, excepto *Belleza cruel*, con el que ni intentó cruzar el puente movedizo. De estos expedientes cabe señalar los comentarios de algunos censores, el más llamativo es el siguiente: «Poesía, verso. Escasa calidad literaria. Alarde inmoral en las págs. señaladas; de erotismo impúdico, más acusado por tratarse de versos de una mujer. No afectan, las tachaduras aconsejables, al resto del libro, publicable» (Montejo 170). El censor que firma estas líneas es Pedro de Lorenzo, periodista, falangista y uno de los fundadores de la revista *Garcilaso*. Con esto queda claro que los censores miraban con una lupa especial el contenido que venía de una mujer.

Como decíamos, Ángela se decide a enviar *Belleza cruel* a México. Lo había terminado en 1955, pero no será publicado hasta 1958, cuando, una vez le fue concedido el premio, logra distribuirse al otro lado del océano, de manera que en España solo se podía conseguir de forma clandestina. Max Aub le dedica estas bonitas palabras sobre el libro: «El día de mañana, cuando quieran saber lo que fue nuestra España abandonada, será la mejor guía. ¿Qué más puedes desear?» (González y Zabala 105). *Belleza cruel* no pasó en absoluto desapercibido:

> El premio de los exiliados españoles en México iba a colocar a nuestra escritora en medio de un auténtico vendaval, soterrado y oculto por un régimen que no podía admitir aquellas realidades, la de una mujer que no se resignaba a ser únicamente ama de casa, a los ecos de aquellas voces que requetés y falangistas habían tratado de quemar y eliminar en tantas plazas del «18 de julio». Veinte años después de la «victoria» la dignidad republicana continuaba viva (González y Zabala 112).

Y así fue. Los voceros de la dictadura se dieron cuenta. Pero decidieron obviar por completo el contenido del libro, por lo que ni siquiera hicieron a Figuera protagonista de la polémica, sino a su prologuista, León Felipe —la parte de los poemas tampoco debían entenderla demasiado—. El prólogo de Felipe fue tergiversado, ridiculizado y sacado de contexto, aprovechando que el autor había señalado su error al pensar que en España no había quedado nada de calidad en el panorama poético tras la guerra, empezaba así: «Con estas palabras quiero arrepentirme y desdecirme, Ángela Figuera Aymerich... De cosas que uno ha dicho, de versos que uno ha escrito...» (Felipe 215).

Este sentido prólogo[11] iba a ser utilizado por la prensa del Régimen como si se tratase de una retractación por parte del poeta en relación con sus conocidos versos y declaraciones [...] Lo cierto es que la manipulación franquista no se limitó a una única reseña sino que durante meses se sucedieron las alusiones al 'histórico arrepentimiento' (González y Zabala 117).

Uno de los escritores que se unió a este vocerío fue José María Pemán. Sin embargo, «en ninguna de estas referencias se hizo alusión al libro que introducía este prólogo, ni tampoco a la autora del mismo. Se mencionaba a Blas de Otero, a Gabriel Celaya, a José Hierro, pero nunca a Ángela» (González y Zabala 118). Ángela comentaba el asunto en una carta al poeta y crítico Jacinto López Gorgé, junto a un ejemplar del libro:

Ya te enterarías de lo que ocurrió con el prólogo. Sin citar para nada el libro y desconectándolo de este —que le da toda su significación— primero en *Pueblo* y en *Arriba* y luego en *ABC*, en tecnicolor y nada menos que el 18 de julio, han reproducido el prólogo ese como si fuera una rectificación de León Felipe en el terreno político. ¿Ves qué canallitas?... Y aquí no se puede rectificar y hay que callarse (González y Zabala 118).

Belleza cruel no pudo reeditarse y distribuirse de forma legal en España hasta 1978.

Julio había abierto en Madrid, en 1953, la Academia Figuera, para la preparación de ingenieros industriales. El

---

11   Verdaderamente es un prólogo emotivo, breve y apasionado, y muy lejano a la realidad que la prensa del régimen quiso transmitir. Se encuentra reproducido en las *Obras completas* de Hiperión.

negocio entró en crisis, así que tuvieron que cerrar, y encontró trabajo como ingeniero en Ensidesa, en Avilés (Asturias), por lo que se trasladó a la ciudad en 1959. Ángela tardó dos años en abandonar Madrid, y durante ese tiempo mantuvieron una relación a distancia. Esos dos últimos años en la capital fueron de una comprometida e intensa vida cultural. En 1959 Ángela va a ser una de las firmantes de una carta contra la censura que un grupo de intelectuales presenta ante la UNESCO.

Julio iba todos los fines de semana desde Avilés hasta Madrid en un Seat Seiscientos, algo bastante aparatoso, teniendo en cuenta las condiciones de las carreteras de la época y las limitaciones del vehículo, por lo que la situación no iba a poder alargarse mucho más. Ángela acabó por abandonar el trabajo en la Biblioteca Nacional y se mudó a Avilés con él, alejándose de los círculos intelectuales de Madrid.

En 1962 publicó en la colección de Adonáis el poemario *Toco la tierra. Letanías.* El 30 de septiembre de 1963 aparece de nuevo la firma de Ángela, esta vez en un manifiesto de denuncia contra la represión hacia los mineros asturianos; la conciencia política no había quedado atrás. En la biografía de González y Zabala se cita una anécdota contada por su hijo Juan Ramón en las jornadas sobre Ángela Figuera en San Sebastián (2000): «no era muy tranquilizador llegar a la escuela y encontrarte con que el profesor señalaba la presencia de tu madre en una antología de escritores españoles comunistas» (142). En 1966 viaja con Julio a la URSS, aunque no tenemos testimonio escrito de la impresión que le causó la estancia.

Ángela tampoco tenía la intención de apartarse del panorama poético, a pesar de haber dejado Madrid. En 1961 publica en Caracas (Venezuela) *Primera antología*. Pablo González de Langarika y José Ramón Zabala explican:

La publicación de esta obra precisamente en Sudamérica no tiene nada de extraño si se tiene en cuenta la labor de divulgación que había desarrollado Max Aub en América, y que *Belleza cruel* había tenido muchas menos dificultades para su difusión en aquellos países, lo que permitió que la escritora pudiese conectar con mayor facilidad con los lectores americanos: «Allí le querían mucho —nos comentó Julio Figuera en una entrevista el 22 de junio de 1987—. Creo que todavía hoy es más conocida en México que en su propia tierra». Y sin duda no se puede negar que sus relaciones con el público mejicano fueron muy estrechas, si se toman en consideración datos como el de que su obra póstuma fuese publicada allí o que la muerte de la poetisa tuviera mayor repercusión en México que en España (150).

En 1965 había nacido su primera nieta, Ana, y en 1970, nacerá el segundo, Gabriel. Durante estos años, Ángela se volcará en los cuidados de ambos.

En 1973 aparece *Antología total*, con un disco que reproducía poemas recitados por ella misma.

Pronto llegaría la muerte de Franco, en 1975, y comenzaría el proceso de transición a la monarquía parlamentaria, con el que la autora fue especialmente crítica. No se le escapaba el hecho de que eran los monopolios españoles los más «demócratas» en su interés por entrar en los mercados europeos, y señalaba la contradicción de que los propios ministros del dictador se hubieran convertido también en demócratas de un día para otro; en la correspondencia que envía por aquellos años, y siendo fiel al carácter irónico y crítico que la había acompañado siempre, se refiere a Adolfo Suárez como «Suárez Franquito» (González y Zabala 157).

Con el fin del régimen de Franco, se edita por primera vez en España *Belleza cruel*, pero, por algún extraño motivo, «ni la primera edición española en 1978 de *Belleza cruel*, ni tampoco los *Cuentos tontos para niños listos*, en 1979 (México), consiguen romper el círculo de olvido que se espesa en torno a ella» (158).

Llegados los ochenta, su salud se complicó, y falleció el 2 de abril de 1984, tras un largo período enferma, a causa de un enfisema pulmonar. González y Zabala escriben que «la falta de reacciones públicas a su muerte será la muestra más elocuente del olvido en el cual había caído la figura de la poeta» (161). En *El País* apareció al día siguiente una escueta noticia que daba cuenta de ello, bajo el titular «Ángela Figuera, autora de *Mujer de barro*, murió ayer en Madrid»:

> La poetisa Ángela Figuera Aymerich, autora de Mujer de barro, murió ayer en Madrid a los 81 años de edad, como consecuencia de una enfermedad pulmonar. Ángela Figuera nació en Bilbao en 1902 y sus años de mayor actividad poética discurrieron en difíciles momentos de la vida española, en que su poesía fue un testimonio de libertad.
>
> La obra de Ángela Figuera expresa ante todo una profunda preocupación por los problemas sociales. Su primer libro fue *Mujer de barro*, de 1948. Tras él están *Soria pura*, en 1949; *Vencida por el ángel*, en 1950; *El grito inútil* y *Vísperas de la vida*, en 1953. Su obra prosiguió con *Los días duros* y, en 1958, con *Belleza cruel*, editado en México y prologado por el poeta León Felipe. Este libro no se editó en España hasta 20 años después.

5.2. La cuestión generacional: una problemática de género y clase

Sobre el resumen biográfico expuesto cabe ampliar varias cuestiones. En primer lugar, Ángela Figuera publica su primer poemario en 1948, es decir, con cuarenta y seis años, lo que no significa que empezase a componer con esta edad. Ella misma dice: «La escribí siempre (la poesía), aunque no publiqué hasta 1948» (Luis 227), muy tardíamente si tenemos en cuenta que los poetas —y digo *los poetas*—de sus años y de generaciones anteriores comenzaban a sacar a la luz su obra desde muy jóvenes; en la primera etapa de la veintena, o incluso antes. Si consideramos algo sobre lo que incide bastante Julio Figuera, que es su dedicación a los cuidados (primero de sus hermanos, después de su hijo, y por último, de sus nietos), no es disparatado pensar que esta irrupción tardía en el panorama poético estuviera bastante relacionada con su condición de mujer.

En realidad, Ángela Figuera habría pertenecido, por edad, a la generación del 27, aunque no por clase social (esa primera etapa poética de juventud a la que pertenece el *Cuaderno inédito*, por lo que se sabe de su contenido, habría encajado con la estética e influencias de este movimiento), pero la situación socioeconómica de su familia no la condujo a ingresar en el foco cultural de la época: la Residencia de Estudiantes de Madrid. Sí estuvo durante el último año de carrera en Madrid, pero viviendo en casa de sus tíos, e imaginamos, llevando una vida familiar y recogida. En aquel contexto, Ángela no tenía medios ni contactos para publicar o dar a conocer sus poemas.

Así, Figuera no logra entrar en los márgenes generacionales que habrían encajado para ella, desde un punto de vista cronológico. ¿Pero se introducirá entonces en los de la posguerra, al publicar su primer título en el 48?

Los dos hombres con los que Figuera ha formado, según la crítica, el ya mencionado «triunvirato vasco», Blas de Otero y Gabriel Celaya, tienen veinticinco y veinticuatro años, respectivamente, cuando publican sus primeros poemas. Esto, sin embargo, fue en los años 1935, en el caso de Celaya, y 1941, en el de Otero, pero ninguno de estos primeros libros abriría aún la poesía social. No fue hasta *Ángel fieramente humano* (1950), de Blas de Otero, y hasta *Cantos íberos* (1955), de Gabriel Celaya, cuando finalmente estos poetas se adentraron en el realismo social. Cabe preguntarnos si lo había comenzado —o adelantado, al menos— Ángela Figuera con *Mujer de barro* en 1948, pues aunque el libro contiene una fuerte influencia modernista y un tono intimista, aborda temas desde una conciencia feminista clara, algo que no ha sido tenido en cuenta para la categorización tradicional del concepto «poesía social de posguerra». El poemario de Figuera que sí se ha considerado, de manera consensuada, inicio de la estética realista de la autora ha sido *Vencida por el ángel* (1950), a la vez que el de Otero, con la diferencia de que ella tenía cuarenta y ocho años y él treinta y cuatro cuando comienza a coger forma esta «nueva generación».

La brecha en la edad y en los tiempos de publicación acentuó un no estar del todo en la generación, situación provocada, en realidad, por una cuestión de género. Figuera era madre y ama de casa, hasta que se incorporó nuevamente al trabajo remunerado con el bibliobús de la Biblioteca Nacional, en 1952, cuando se le sumó, además, la condición de trabajadora. Julio Figuera cuenta, en el prólogo que escribe para las *Obras completas* de Hiperión, que se dedicaba a su labor como poetisa «en sus ratos libres», pero que su prioridad era cuidar a su familia; la dedicación a las tareas de cuidados (además del trabajo sí remunerado) pudieron ser factor determinante para un relegamiento a los márgenes respecto al epicentro literario de la época. Viene ahora a colación recuperar las consideraciones que hemos hecho en el apartado «Mujer, género y escritura» acerca del *tiempo libre* de las escritoras.

Por otro lado, si aceptamos que uno de los motivos por los que no han trascendido a la historia como sus compañeros poetas es que, por imposiciones patriarcales, no han estado igual de presentes que ellos en los ambientes literarios, es justo plantearse entonces la validez, al menos parcial, de las categorizaciones que la crítica ha realizado hasta ahora en torno a las generaciones, puesto que estas se han construido teniendo en cuenta tan solo la producción literaria de los hombres. Claro está que hablamos de hombres con privilegios socioeconómicos que les han permitido *estar*, por lo que en la configuración crítica generacional no existe tan solo un sesgo de género, sino también de clase.

Elaine Showalter ya señaló el problema que suponía —y supone— asumir sin cuestionamiento alguno las nóminas y divisiones a la hora de hacer crítica literaria:

> The process of studying women's writing, furthermore, led us to challenge the fundamental theoretical assumptions of traditional literary history and criticism, from periodic divisions [...] that were exclusively based on male literary landmarks [...] Feminist criticism demanded not just the recognition of women's writing but a radical rethinking of the conceptual grounds of literary study[12] (1989 8)

Este *radical rethinking* es el objetivo último de la ginocrítica, sin el cual, todo intento por incluir a las mujeres en el canon, será un ejercicio superficial y engañoso:

---

12 «El proceso de estudio de la escritura de mujeres, además, nos llevó a cuestionar los supuestos teóricos fundamentales de la historia y la crítica literarias tradicionales, como las divisiones periódicas [...] que se basaban exclusivamente en hitos literarios masculinos [...]. La crítica feminista exigía no solo el reconocimiento de la escritura de mujeres sino un replanteamiento radical de los fundamentos conceptuales del estudio literario».

The program of gynocritics is to construct a female framework for the analysis of women's literature, to develop new models based on the study of female experience, rather than to adapt male models and theories [...] stop trying to fit women between the lines of the male tradition[13] (Showalter 1986 131).

O como explica Suárez Briones:

La inclusión de las mujeres en la historia hace surgir preguntas que reestructuran el conjunto de las disciplinas. No es solo que se restituya lo silenciado: la lectura de las mujeres escritoras altera necesariamente los estándares sobre la valía literaria, obliga a la redefinición de los periodos literarios y rehace el canon (cit. en Rosal Nadales 118).

María Rosal Nadales señala, de hecho, la falta de identificación que han sentido las escritoras respecto a las generaciones establecidas:

Las mujeres, que se declaran generalmente ajenas a las agrupaciones, sean de carácter generacional o por afinidades estéticas, mantienen una lucha marcada por la subsistencia, por la búsqueda de oxígeno en un panorama que amenaza con asfixiarlas. Lo que hace que las escritoras rechacen con frecuencia el concepto de generación, al menos en lo que a su propia adscripción se refiere. A fuerza de estar al margen no acaban de sentirse identificadas (38).

Del mismo modo, se cuestiona si ha sucedido un «fracaso de la aplicación crítica del método de las generaciones»,

---

13 «El programa de la ginocrítica es construir un marco de género para el análisis de la literatura de mujeres, desarrollar nuevos modelos basados en el estudio de la experiencia femenina, en lugar de adaptar modelos y teorías masculinas [...] dejar de intentar encajar a las mujeres entre las líneas de la tradición masculina».

y en ese caso, ¿estaríamos hablando de la no pertinencia del concepto generacional como método historiográfico o se trata de una situación más profunda, fundamentada en la enorme pluralidad y diversidad de poetas, la coexistencia en el tiempo de los más variados grupos de poéticas encontradas y de la no adscripción de manera exclusiva de muchos poetas a estéticas excluyentes? (42).

Ángela Figuera Aymerich, por los rasgos estilísticos y temáticos de su obra, queda muy próxima a la estética del realismo social que se ha evidenciado en la poesía de posguerra, pero marca una *diferencia* que va más allá de características individuales relacionadas con la autoría; una diferencia que radica en el hecho de ser mujer y no hombre, y que ha conllevado una escritura distinta a todos los niveles de análisis, no tenida en cuenta para el estudio de la *generación* en la que se la ha pretendido incluir, cuando ha habido voluntad de ello.

Mientras que entre las características de la obra de este grupo de poetas se hallaba una conciencia colectiva, una denuncia de la desesperanzadora realidad, la concepción de la poesía como una herramienta para el cambio social, etc., Ángela Figuera, además, canaliza todo ese inconformismo e inquietud hacia la ruptura con los tópicos poéticos tradicionales en torno a la mujer, así como hacia el señalamiento del injusto lugar que ocupa en la sociedad. Esta posición poética, tan política a la vez, afecta de lleno al tratamiento de cualquiera de los temas que aborda.

> No puede negarse que la poesía de Ángela Figuera contribuye a la difusión de temas y motivos característicos de la época. Su originalidad, las tonalidades específicas de una voz propia, aparecen, sin embargo, si se contempla su obra desde la condición femenina de quien habla (Payeras 41).

Por todo ello, y como estamos a escasas líneas de adentrarnos de lleno en el universo metapoético de la autora, es conveniente iniciar este viaje dejando atrás ciertas nociones predefinidas. Solo de esta forma, el encuentro con los versos podrá ser honesto y esclarecedor.

5.3. Saberse subversiva. Las claves de la metapoesía de Ángela Figuera Aymerich

En la «Poética» con la que Ángela Figuera introduce los poemas que Leopoldo de Luis selecciona de su obra para la *Antología*, la autora realiza un breve recorrido por su producción literaria. Habla de una primera poesía que califica de «mala, sin duda alguna» (228) y que nunca llegó a publicar; después, destaca una concreción entre sus temas: «amor de mujer y de madre» (228), hasta que llega la guerra y confiesa «haber terminado con la íntima soledad del poeta» (228), porque «hay que escribirlo todo» (228). A partir de aquí comienza en su obra una declaración de intenciones que la coloca en la oleada de la poesía social de la época. No es ajena al debate de su tiempo acerca de la pureza o impureza de la poesía, y hace alusión directa posicionando su poesía como «impura», y respondiendo a la cuestión de la utilidad del arte:

> Crear belleza pura, inútil, y cruel en su exclusividad, ya no es bastante. Hay que hacer algo más con la poesía, que es mi herramienta, como cualquier hombre tiene que hacerlo con la herramienta de que disponga y pueda manejar, para salvarnos y ayudarnos unos a otros. Mas, la poesía ¿servirá para algo? Intentémoslo, pues [...] No me importa si mi poesía es, por lo circunstancial, por lo concreta e impura, perecedera.

> Si un solo hombre de mi tiempo se siente por ella comprendido y acompañado, consolado y estimulado, ya no habrá sido inútil (228, 229).

Ángela Figuera, como subraya Miguel Ángel García, asocia pureza con inutilidad, e impureza con utilidad (45). Su poesía es impura y útil, aunque en este contexto, lo concebido —en principio— como útil está muy lejos de lo utilitario.

Por este sentido avanza un tema que comienza a ocupar un importante espacio en la poesía española a partir de la posguerra: el de la creación poética. El hecho de retomar una poesía *humana* que abordara los problemas sociales y cotidianos, acompañada de una estética realista (con lo que suponía esto en el género lírico), hacía a los poetas ser conscientes de ello y del debate que implicaba, por lo que utilizan la propia obra para defender su ideario poético.

La obra de Ángela Figuera está atravesada por diversos temas que podrían condensarse en cuatro bloques: amor y deseo; maternidad y papel de la mujer en el mundo; denuncia de la realidad social; y reflexión poética. Todos ellos se abordan desde un profundo humanismo que no obvia, sin embargo, los grandes fallos de la sociedad.

Así, lejos de posicionarse desde una visión nihilista en la denuncia de la España franquista y en la reflexión existencial, Figuera defiende la belleza como derecho para mujeres y hombres, pero «la búsqueda de belleza no puede ser ya [...] la persecución de un ideal estético, sino el logro de un ideal moral» (Payeras 33). Esta defensa del «nuevo concepto de belleza» (Payeras 33) constituirá una poética a lo largo de toda su producción: la reivindicación de la vida y el señalamiento de todo aquello que impide el goce, porque es posible superarlo.

Hablábamos al principio del hecho de que, en ocasiones, la obra de Ángela Figuera ha sido simplificada hasta el extremo, de modo que se ha reducido a un solo aspecto: maternidad. Sin embargo, la producción metapoética de Figuera, por su abundancia y los distintos planteamientos que trae a debate, es de suma relevancia para el estudio de su obra y el de la poesía española de la segunda mitad del XX. José Ramón Zabala Agirre ya advierte esto:

> Las preocupaciones metapoéticas constituyen un elemento temático constante a lo largo de toda la obra figueriana. Desde los primeros poemas conservados se descubre a una mujer profundamente interesada por cuestiones como la propia función de escritora, su responsabilidad como poetisa, la validez del mensaje poético que desea transmitir, sus receptores y otros aspectos relacionados con el oficio literario (81).

La metapoesía de Ángela Figuera no solo nos ayuda a comprenderla a ella como poetisa, sino que aporta información de lo que fue el debate poético de sus años, y desde la crítica feminista, se descubren nuevas formas de estar en poesía para las mujeres. Como señala Jo Evans:

> Figuera's work undermines received images of poetry, feminity and faith, and if we examine it in the light of feminist and psychoanalytical theories of gender and language, it becomes, not just a moving mirror, but the reflection of her active attempt to revise the reflection of female identity by challenging the patriarchal symbolic system (8).[14]

---

14 «La obra de Figuera socava las imágenes recibidas de poesía, feminidad y fe, y si la examinamos a la luz de las teorías feministas y psicoanalíticas de género y lenguaje, se convierte, no solo en un "espejo en movimiento", sino en muestra de su intento activo por revisar el reflejo de la identidad femenina desafiando el sistema simbólico patriarcal». Las comillas de «espejo en movimiento» son añadidas por mí; es la

Esta parte de su obra a la que nos referimos pone intencionalmente de relieve el hecho de ser mujer que escribe poesía: «si la poesía de Ángela Figuera es consecuente y responsable con su tiempo histórico, también lo es con su condición de mujer» (Ascunce 15). De esta forma, de aquí en adelante analizaremos los ejes de esta producción metapoética, para después ponerla en contraste con la de algunos de los poetas hombres del realismo social y crítico de su época, y defender finalmente que, en efecto, la experiencia femenina forma parte del contenido de la poesía de posguerra, sin excepción de aquel de carácter metapoético, por lo que es imprescindible tomar en consideración esta experiencia —que hasta ahora ha sido otredad— para la configuración del canon, y poder, así, llevar a cabo una crítica literaria rigurosa que rehaga la historia, las categorías y las nóminas de la literatura.

De toda su obra completa, consultada a partir de la edición de Hiperión, de los poemas inéditos que sacan a la luz Pablo González de Langarika y José Ramón Zabala Agirre y de los que se encuentran en la edición facsimilar de *En la delgada arista* (Torremozas) hemos adoptado como metapoemas un total de cuarenta y cinco, para clasificarlos bajo los siguientes apartados: «Ruptura con la tradición: desmitificación y diálogo», «Creación de vida como de poesía. El poema-hijo», «Empoderamiento a través de la palabra. Toma de conciencia» y «El grito ¿inútil? Reflexiones sobre la utilidad, función o deber de la poesía». Vamos con ellos.

---

traducción literal de *moving mirror*, concepto psicoanalítico que utiliza Jo Evans para definir una identidad de la que se es consciente, como se es también consciente de su capacidad cambiante.

5.3.1. Ruptura con la tradición: desmitificación y diálogo

En el apartado dedicado a la metapoesía, citábamos el trabajo de Leopoldo Sánchez Torre, y apuntábamos el hecho de que el autor no tomase la poesía de ninguna mujer para fundamentar su estudio. Al mismo tiempo, Sánchez Torre escribe en el mismo ensayo:

> En los textos 'explícitamente metaliterarios' existe el mismo grado de 'metaliteratura implícita' que en el resto de los textos, pues lo que se denomina 'metaliteratura implícita' es una construcción a posteriori, que toma como base los textos independientemente de que sean metaliterarios o no [...]. Un texto metaliterario está expuesto al trabajo del analista igual que lo está un texto literario cualquiera, y la 'metaliteratura implícita' no existe sino como construcción del analista. La 'concepción del mundo' en que se concreta la poética de un autor determinado no tiene por qué coincidir con los enunciados en que aparentemente se manifiesta [...]. En definitiva: no hay 'metaliteratura implícita' (69).

Así, según el crítico, no puede asumirse como metaliteratura una «metaliteratura implícita», puesto que esta iría más allá de la intención del autor. No obstante, cuando también abarcamos la obra de una mujer como Ángela Figuera, percibimos que existe lo «implícito» desde la propia intencionalidad de la autora. Es el caso de aquellos poemas en los que la voz poética va directamente a reafirmarse en contraposición con la tradición masculina, como los que aquí veremos.

En algunos de ellos, no se trata de forma explícita la creación poética, pero se apunta a ella:

«Mujer de barro»

El primer poema de *Mujer de barro*, que toma su título del libro al que pertenece, dice así: «Mujer de barro soy, mujer de barro:/ pero el amor me floreció el regazo» (31). Se trata de dos únicos versos que adelantan las intenciones de la autora para con el libro y su contenido. Por un lado, la voz poética se reivindica desde el género femenino, detalle que no podemos pasar por alto si situamos la composición en los años cuarenta y en un contexto en que prácticamente ninguna poetisa era considerada referente; la poesía con mayúscula, hasta ese momento, partía de un sujeto masculino, mientras que el elemento femenino quedaba relegado a objeto. Tomamos entonces esta presentación tan firme como una actitud osada y rebelde de la autora, que se potencia al añadir, además, «de barro». Según la tradición bíblica, Adán fue creado por Dios a partir del barro, pero Eva nació de su costilla. Si Ángela Figuera se proclama como «mujer de barro» está enfrentándose al relato, situándose en una posición de igualdad con el hombre. Pero en el afirmarse como «mujer de barro» no existe tan solo una oposición a la tradición bíblica, sino a toda una corriente poética que ha idealizado durante siglos a la mujer, atribuyéndole el rol de musa o dibujándola fuera de las categorías terrenales. Con este poema, Ángela irrumpe en el panorama poético español pisando fuerte, reclamando su espacio como creadora, y sobre todo, sabiéndose subversiva.

«Mujer»

Se puede entender mejor la intención del poema si recordamos el mítico verso de Bécquer: «Poesía... Eres tú», o nos remitimos al siguiente texto de Juan Ramón Jiménez: «Yo tengo escondida en mi casa, por su gusto y por el mío, a la Poesía, como una mujer hermosa; y nuestra relación es de los apasionados». A este último se refiere Jo Evans, añadiendo lo siguiente: «The analogy woman/verse has been reiterated over the ensuing decades in a variety of forms, helping to perpetuate the myth that woman do not write since they are verse»[15] (17).

En «Mujer», segundo poema de *Mujer de barro*, una voz poética marcadamente femenina reflexiona sobre sí misma, alude a lo que ha sido siempre en la poesía canónica, escrita por hombres: «¡Cuán vanamente, cuán ligeramente/ me llamaron poetas, flor, perfume!...» (32) y se rebela contra ello: «Flor, no: florezco [...] El agua corre en mí, no soy el agua» (32). La autora le está plantando cara a una tradición patriarcal que, en tanto que mujer, la ha relacionado siempre con la inspiración, con el propio objeto poético, al tiempo que la ha apartado de la creación. Jo Evans dice al respecto: «Figuera is writing from the outside; the female writing position is circumscribed by a medium which renders her the object rather than the subject of her writing. She is, similarly, writing outside the dominant ideology»[16] (72).

Ella no es una flor, *florece*; no es el agua, *el agua corre en ella*; y, por supuesto, *da el fruto* (32). Ángela cierra el poema con una alusión a la maternidad: «Cauce propicio, cálido camino/ para el fluir eterno de la especie» (32). La mujer no solo tiene la capacidad de crear arte, sino también

---

15   «La analogía mujer/verso se ha reiterado en las décadas siguientes en una variedad de formas, ayudando a perpetuar el mito de que la mujer no escribe ya que son verso».

16   «Figuera escribe desde el exterior; la posición de la escritura femenina está circunscrita a un medio que la convierte en objeto más que en sujeto de su escritura. Del mismo modo, está escribiendo fuera de la ideología dominante».

de crear vida, dos facetas que comienza a poner en relación y que desarrollará en este mismo poemario más adelante.

«Morena»

«Morena» (Figuera 33), también perteneciente a *Mujer de barro*, es otro intento de romper con los estereotipos creados en poesía en torno a las mujeres. Al contrario de lo que se espera por parte de los mitos respecto a lo femenino ya fosilizados en nuestro imaginario, la voz poética se describe a sí misma como «morena», lejos de la concepción garcilasiana, a la que Ángela aprovecha para hacer una referencia: «Ni soy nácar ni azucena» (33); estamos hablando, por supuesto, del «Soneto XXIII» del poeta: «En tanto que de rosa y azucena...». Figuera está muy intencionadamente poniendo patas arriba el tópico clásico de la *descriptio puellae*: la mujer que ella describe en primera persona no tiene nada que ver con la que los hombres poetas han configurado en tercera. La asociación que realiza después entre su cualidad de morena y la tierra, así como entre los alimentos que da [«Soy tierra oscura y caliente;/ la tierra/ donde crecen los olivos,/ el pan y el vino. Morena» (33)] pasa también por la dimensión metafísica de la mujer, que la hace formar parte del plano de lo terrenal, no de lo divino.

«Antojos»

Antes de dejar atrás —por el momento— *Mujer de barro*, nos detenemos en «Antojos». Pertenece a una parte del poemario en que Figuera escribe en tono jovial y amoroso sobre la maternidad, y en él se percibe un diálogo con el poema «Canción tonta», de Federico García Lorca: «Mamá,/ yo quiero ser de plata./ Hijo,/ tendrás mucho frío./ Mamá./ Yo quiero ser de agua./ Hijo,/ tendrás mucho frío./ Mamá./ Bórdame en tu almohada./ ¡Eso sí! ¡Ahora mismo!». Nuestra autora toma la estructura sintáctica de la composición de Lorca para replicar un divertido diálogo madre-hijo que concluye convirtiéndose casi en una versión paródica del poema del poeta: «—Mamá, yo quiero la luna.../ —Hijo mío, está muy alta.../ —Mamá, yo quiero un caballo.../ —Hijo, si no tienes cuadra.../ —Mamá, quiero un pececito.../ —¿Y quién lo saca del agua?.../ —Mamá, yo quiero una piedra.../ —Eso sí... Ten dos, y calla» (Figuera 47). Lo más interesante de este poema es el uso del humor, que comienza a ser frecuente en la poesía a partir de los años cincuenta. Ángela Figuera ironiza con la situación que configuró García Lorca, a partir de la inocencia infantil y del amor maternal. Así, la poetisa entra de lleno en diálogo con la tradición poética para jugar con ella y para conducir el poema hacia la realidad de la maternidad desde la perspectiva de la madre, con la que se experimenta complicidad.

«Mundo concluso»

Existe otro poema que podemos incluir bajo esta línea de ruptura y diálogo con la tradición: «Mundo concluso», en *Víspera de la vida* (1953). La composición se enmarca en un contexto creativo muy distinto al de *Mujer de barro*; tras haber comenzado una estética realista y crítica con *Vencida por el ángel* y haberla continuado con *El grito inútil* y *Los días duros*, la poesía de Ángela Figuera ha entrado de lleno en una reflexión en torno a la utilidad de esta, a los códigos que debe adoptar o para qué debe servir, si es que puede servir para algo. «Mundo concluso» empieza con una resignificación del *barro* del que hablaba en el primer poemario. En *Mujer de barro* (1948), este era símbolo de vida, era el material del que estaba hecha su carne, y por ende, con el que amaba. El barro la situaba en la dimensión de lo terrenal, en la que vive, se reproduce y muere, y desde ahí se alcanzaba el gozo. Ahora el barro sigue estando en ella, pero: «¿Qué hacer con este barro que me llena las manos?» (Figuera 193). El barro es inevitable, forma parte de su naturaleza, como también forma parte de ella la escritura, desde la que le da nuevas formas al mundo, en balde: «¿Qué rabia, qué codicia de incrementado fuego/ empujan y sacuden el alma en ansia viva/ por fabricar un mundo ya fabricado, rígido,/ archisabido, ahíto de mapas y de fórmulas?» (193), y se pregunta: «¿Cómo hacer más redondo su círculo perfecto?» (193), aunque tal vez no es a lo que debe aspirar, aunque la tradición poética lo haya perseguido durante siglos: «¿He de pintar en blanco y en frío sobre nieve,/ [...] llover sobre las aguas,/ [...]?/ ¡Qué hastío de montañas y mares en su sitio; de ríos dibujados en azul de acuarela!» (193). Todo este dibujo es una de las varias críticas que Ángela Figuera realiza tanto dentro como fuera de los versos al ideal de poesía pura; Zabala Agirre aporta, de la correspondencia entre Blas de Otero y Ángela Figuera, estas palabras que le escribe Ángela a su compañero en 1950: «Yo sacrificaría un poco la belleza formal. Los poetas monísimos me van fastidiando cada vez más, con sus preciosidades. Prefiero una ruda palabrota empleada con brío y a tiempo a todos esos floreos» (Zabala Agirre 106).

En las últimas estrofas del poema, Ángela nos guía hacia una conclusión: la disconformidad con lo establecido. Se pueden resumir con los siguientes versos: «¿Qué hacer después de todo con este barro a punto/ que tengo fermentando [...] En vano busco un trozo de horizonte vacío/ donde trazar los signos de mi zodíaco propio/ y arrojar la moneda de mi luna inventada/ y clavar este sol personal y arbitrario/ que desborda mis ojos con brutal exigencia/ [...]/ ¿Por qué he de ser mujer repetida de Eva [...] sin un gesto que niegue los rituales muestrarios?/ ¿Por qué he de parir hombres iguales a otros hombres [...]?/ ¿Por qué [...] han de saber mis besos precisamente a beso,/ y ha de tener mi sangre el pulso equilibrado/ y la púrpura exacta de las sangres antiguas?» (194). Figuera asume, como en otras ocasiones, la falta de eficacia de la poesía como solución para el mundo, pero no se muestra conformista, pues persigue, al menos, un cambio en la forma de hacerla, y expresa con ella un deseo de cambio también en lo social. No se aliena con el modelo cristiano de mujer, rechazando el relato en torno a Eva, y expone su convicción por alcanzar una mujer nueva, alejada de los mitos de la tradición.

5.3.2. Creación de poesía como de vida. El poema-hijo

Este tema es especialmente poderoso y revolucionario. Según la ideología patriarcal —y aún más, la ideología del nacionalcatolicismo—, el rol de una mujer (ser madre y ama de casa) es incompatible con cualquier otra actividad que se acerque a lo público, a lo intelectual, o a una búsqueda de la individualidad y de la intimidad, al margen de la institución familiar. En estos poemas, Ángela se atreve, por un lado, a «entrometerse» con su maternidad en un mundo fundamentalmente masculino, a «manchar» el imaginario poético comparando la concepción, el parto o la crianza con la escritura; por otro, a desafiar y a poner en cuestión lo que se espera de ella como mujer y madre.

«El ruto redondo»

Volvemos a *Mujer de barro* para observar cómo Angela Figuera desarrolla este tópico en su poesía. En la línea de la defensa de lo terrenal, que tiene mucho que ver con la defensa de la poesía impura, tenemos «El fruto redondo», donde la autora ironiza con la posibilidad de escribir una «palabra desnuda»: «Sí, yo también quisiera ser palabra desnuda» (Figuera 60), es decir, deshumanizada y ajena a la realidad. Esta «palabra desnuda» es seguida de una enumeración de elementos que resultan ser en sí mismos oxímoros, de forma que lo que en principio no supone más que una personificación adquiere también la significación de lo imposible; el hecho de que la palabra esté desnuda es inconcebible, al igual que: «Ser un ala sin plumas en un cielo sin aire./ Ser un oro sin peso, un soñar sin raíces,/ un sonido sin nadie...» (60). Los dos últimos versos concluyen con la idea: «Pero mis versos nacen redondos como frutos,/ envueltos en la pulpa caliente de mi carne» (60). «Envuelta en carne» se presenta como la forma natural de la poesía. En esta concepción de la creación poética son fundamentales para el imaginario del poema el verbo «nacer» y las palabras «frutos», «caliente» y «carne», pues remiten directamente a la acción del *alumbramiento*, término que, precisamente, dará nombre a otro poema.

«Insomnio»

Las últimas composiciones de *Mujer de barro* son en su mayoría metapoemas que abordan el momento en que sucede la escritura y presentan de una forma mucho más explícita la correlación entre el acto de crear poesía y el de parir. El relato de «Insomnio» transcurre en una noche en vela en que la poetisa no puede dormir y siente angustia, pero esta experiencia le está sirviendo para fraguar un nuevo poema, como descubrimos en los dos últimos versos: «Y adentro, copo a copo,/ se va tejiendo el verso» (66). Por la descripción que se nos ofrece anteriormente, sabemos que no se trata de una noche serena: hay fuertes ráfagas de viento [«La noche es una pobre bestia oscura/ herida a latigazos por el viento» (66)]. De esta forma, los versos a los que hacemos referencia, los últimos del poema, actúan como antítesis de todo este panorama tormentoso y aportan una sensación de calma y calidez; fundamental para ello es el adverbio «adentro». ¿A qué se refiere con «adentro»? Tal vez al cuarto donde se encuentra resguardada la poetisa, pero conociendo los precedentes —y lo que viene ahora— podemos también pensar que nos está hablando del interior de su cuerpo: «adentro», en sus entrañas, donde se gesta la vida.

«Alumbramiento»

«Alumbramiento», al que nos referíamos antes, se encuentra justo a continuación de «Insomnio», y nos da esta clave: «[...] El poema/ sazónase como un hijo/ en los profundos adentros...» (67). De nuevo aparece el concepto de «adentro», esta vez sí, en una clara la referencia a las entrañas. Como en los anteriores versos, «adentro» es donde suceden la inspiración y la creación poéticas, al igual que la vida, y ambas cosas son algo «[...] terriblemente/ natural y sencillo» (67): la escritura es para la mujer un acto igual de natural que la reproducción. Escritura y reproducción dan lugar a dos momentos viscerales, batalla creativa y parto: «De pronto, un día, sentimos/ que nos desgarra la entraña...» (67), pero al resolver la tensión se siente un profundo alivio: «Luego, un descanso infinito» (67).

«Perdido»

Sin embargo, igual que ocurren el éxito y el descanso al dar a luz a un hijo y a una nueva creación poética, también sucede lo «Perdido» (Figuera 68). En este poema se compara el olvido irreparable de un verso que no llega a escribirse con la muerte de un hijo nada más nacer. Una sensación profunda de pérdida preside ambas situaciones:

> Aquel verso que olvidé
> sin jamás haberlo escrito;
> aquel que nadie leerá
> ¡qué pena me da, Dios mío!...
>
> Es como cuando perdí,
> al ir a nacer, un hijo (68).

«Después»

En la metapoesía de *Mujer de barro* se expresa de igual forma un deseo de trascender a través de la obra poética. El poema «Después», situado entre los que estamos comentando, nos lleva irremediablemente con los versos «Yo quisiera quedarme en una estrofa,/ sonando armoniosa en lo infinito» (69) a la idea de trascendencia no solo mediante la poesía, también con la creación de vida que dure más allá de la propia.

Los últimos tres poemas de este primer poemario los recogemos también bajo este apartado. Son «Poquita labor», «Durar» e «Impotencia».

«Poquita labor»

En «Poquita labor», Ángela muestra un universo femenino formado por tan solo unos cuantos elementos: «Unos versos, un hijo, un hogar, un amor...» (70), que se oponen a un mundo masculino que se impone como superior, como experiencia universal. En esta enumeración, el elemento «unos versos» se introduce con naturalidad entre otros más comunes; que una mujer escriba poesía no forma parte, en ese momento, de la normatividad, mientras que sí lo hacen el tener un hijo o un hogar, pero Figuera aporta una visión de la escritura no sacralizada ni idealizada, y que además puede formar parte de la cotidianeidad de una mujer: cuidar a los niños, hacerse cargo de la casa, cocinar, mantener un hogar, amar y crear arte.

«Durar»

Por otro lado, en «Durar» se vuelve a tratar el tema de la trascendencia más allá de la muerte, pero esta trascendencia se produce, aquí con más explicitud que en «Después» a través de la maternidad y de la escritura, que dejan dos frutos en el mundo: el verso y el hijo: «Hijo, cuando yo no exista,/ tú serás mi carne, viva./ Verso, cuando yo no hable,/ tú, mi palabra inextinta» (Figuera 70).

«Impotencia»

El poema con que cierra *Mujer de barro*, «Impotencia», concluye el libro con un tópico característico de la tradición metapoética: la cortedad del decir. La poetisa, abrumada por la inefabilidad, no encuentra las palabras exactas con que expresar lo que verdaderamente está en ella: «El verso que dejo escrito/ nunca es del todo mi verso» (70). Llama la atención el tratamiento de «el verso» como algo tremendamente preciado y amado, casi tanto como un hijo.

«Niño con rosas»

Para continuar con el tópico del poema-hijo, damos un salto diez años hacia delante y nos vamos de *Mujer de barro* (1948) a *Belleza cruel* (1958). Nos trasladamos a un tono muy distinto del que leíamos en el primero; *Belleza cruel* es un poemario de reflexión poética en que Figuera define el impulso creativo y su resultado, tal cual dice el título, como belleza cruel. «Niño con rosas» es la segunda composición del libro, y a modo alegórico, cuenta la historia de un niño que nace con dos rosas en la cara en lugar de ojos[17]: «Sucedió en el recinto de una casa decente./ En el seno de cierta familia/ comedida y honesta a través de los años./ Un hogar respetable,/ todo se hacía de manera discreta [...]. Nació el niño a su hora [...]. En vez de ojos, tenía dos magníficas rosas» (218, 219). Como podemos imaginar, el niño es la poesía, que posee elementos bellos (las rosas), pero que suponen un problema si tenemos en cuenta el contexto; por mucho que las rosas sean bonitas, nadie quiere que su hijo nazca con dos rosas en la cara, además son inútiles como sustitutas de los ojos, y esto mismo le sucede a la creación poética, según Figuera, en un momento de represión social y política. La narrativa del poema nos lleva también a la reflexión que encontramos en el corpus metapoético figueriano acerca de la utilidad de la poesía y de su relación o no con el mundo exterior, pero Ángela vuelve a volcar una visión maternal en su poética y continúa la historia de la siguiente forma: «El papá, funcionario [...]. Con los brazos en alto hizo malos pronósticos:/ "Esta rara criatura no valdrá para nada./ No

---

17 Según lo que me contó José Ramón Zabala Agirre, Juan Ramón, su hijo, dijo en alguna ocasión que para este poema Ángela se inspiró en el caso de un niño con síndrome de Down que nació en una familia cercana.

lo entiendo, dos rosas para andar por el mundo..."/ Fue la madre la única, ya un poquito repuesta,/ que no hizo aspavientos ni extrañó lo más mínimo [...]. Sonrió al funcionario. "No te enfades. No es nada. / Es un niño precioso./ Verá cosas divinas./ Olerá a primavera./ Y además siempre es bueno tener rosas en casa"» (219). Figuera admite a lo largo de *Belleza cruel* el pudor que le produce escribir poesía en mitad de un clima social, político y económico en el que se requiere compromiso por cambiar la realidad, pero defiende la existencia de la belleza, y este poema es ejemplo de ello. La madre, a pesar de la rareza del niño, siente amor por él y lo cuida, incluso le ve un lado positivo: «Y además siempre es bueno tener rosas en casa» (219). Jo Evans señala: «one way to confront a sense of aesthetic guilt might be through a maternal reevaluation, and through the rejection of the perfect masculine voice of "poesía pura"[18]» (135).

5.3.3. Empoderamiento a través de la palabra. Toma de conciencia.

Recordamos ahora la lúcida consideración de Sharon Keefe sobre la poesía escrita por mujeres como «un espacio libre de las limitaciones habituales» (157). La creación poética se torna un acto de rebelión contra las imposiciones sociales patriarcales, Ángela Figuera reconoce esa carga en su escritura, y al hacerlo, habla sobre ello en sus propios versos. Escribir, y escribir poesía «impura» desde su condición de mujer la empodera, algo de lo que es muy

---

18   «Una manera de enfrentar un sentimiento de culpabilidad estética podría ser a través de una reinterpretación materna, y a través del rechazo de la perfecta voz masculina de "poesía pura"».

consciente. Del mismo modo, en estos poemas se percibe una toma de conciencia respecto al mundo que la rodea, lo que la lleva hacia un compromiso con él desde la palabra.

«Decirlo»

Volveremos ahora, por última vez, a *Mujer de barro*, con el poema «Decirlo». La autora confiesa aquí una sensación de urgencia y obligación por hablar de la vida en su poesía, sin omitir ningún detalle: «He de decirlo, he de decirlo.../ Aunque yo no quiera, he de decirlo» (61). Después alude a lo más elemental de la existencia: «He de decir las aguas en el río./ Y el verdor de las hojas y el azul de los cielos» (61), mientras que no deja de hacer referencia a su condición de mujer y de madre: «[...] y el de los ojos de mi niño./ He de decir los besos de mi amante» (61), y añade: «[...] aunque nadie me escuche» (61). Este poema resulta especialmente interesante porque la poética posterior de Figuera irá matizando su contenido; en él, la autora se posiciona desde el vitalismo y el goce de la existencia, que se deben decir y celebrar sin censura. La contradicción la encontramos en relación con el poema «Mundo concluso» (*Víspera de la vida*), donde Ángela Figuera se enfrenta a una tradición poética que dice lo obvio, que se muestra neutral: «¡Qué hastío de montañas y mares en su sitio;/ de ríos dibujados en azul de acuarela!» (193). Ella ya había declarado en «Decirlo» su intención de festejar la belleza, y la sigue reivindicando a lo largo de su obra, pero nunca más sin una denuncia. No obstante, «Decirlo» forma parte de los comienzos de una conciencia de empoderamiento a través de la palabra poética; Ángela es consciente de lo que supone el hecho de ser mujer y de escribir poesía, y *aunque nadie la escuche* lo va a hacer, porque un impulso inconformista la lleva a ello.

«Cortad el árbol»

Descubrimos ahora un precioso poema de *Soria pura* (1949), poemario inmediatamente posterior a *Mujer de barro*: «Cortad el árbol». Se trata de una composición breve que comienza admitiendo una incapacidad para nombrar y describir de forma total y precisa la realidad. De nuevo aparece la poética de lo inefable: «Cortad el árbol... ¡cortadlo!/ Es demasiado bello: No me deja cantarlo» (96). Pero a causa de esta energía que le produce la búsqueda de versos, la poetisa se siente extasiada: «Yo brotaré una selva, un bosque nuevo,/ vivo en el solo ardor de mi palabra;/ con la raíz mojándose en mi centro,/ y, al aire, entre sus ramas, hojas, tallos,/ estremecidas alas de mis versos» (96). La creación poética, partiendo de la voz femenina, se torna especialmente liberadora: es una mujer incumpliendo los mandatos patriarcales, escapando por un momento de los cuidados y dedicándose a ella en feliz e inspiradora soledad. Esta soledad, cuando la jornada está llena de tareas, le sirve para cultivar su impulso creativo y es fuertemente empoderadora.

«Soria mía»

En «Soria mía», también perteneciente a *Soria pura*, la poetisa, tras visitar Soria y no encontrarse ya inmersa en la belleza del lugar, del que va enumerando elementos, se consuela así: «[...] tus pueblos, tus ermitas, tus pastores,/ no los perdí: son míos en mis versos» (116). La creación poética es, de esta forma, una herramienta indispensable para la vida; le produce alivio poder valerse de ella como recurso, y gracias a esta es capaz de hacer suya cualquier realidad, llevándola a la palabra. Es un vivir plenamente en poesía que forma parte de la manera de estar en el mundo de la autora, y que la hace libre.

«Vencida por el ángel»

Vamos un poemario más hacia delante, a *Vencida por el ángel* (1950). Es el que inicia una nueva estética realista y comprometida, haciendo referencia al *Ángel fieramente humano* de su compañero Blas de Otero, también publicado ese mismo año. En ese momento, Blas tenía treinta y cuatro años; Ángela, cuarenta y ocho, y llama la atención cómo Figuera se introduce en una generación de poetas significativamente más jóvenes que ella, sintiéndose apelada por lo que en ese momento componen. «Vencida por el ángel» es el título del segundo poema del libro, y con él la autora mira hacia atrás, repasando su pasado poético: «yo cerraba los ojos; yo apretaba los puños; [...] yo sorbía a raudales la alegría y el fuego/ para escapar, bravía, al acoso del Ángel./ [...] He luchado con él. He luchado: He reído/ [...] cabalgando las nubes; fabricándome estrellas;/ derramando canciones./ [...] Me he creído excluida, separada, intocable» (123), y anunciado un nuevo presente: «Pero el Ángel llegaba. A pesar de mis puños,/ de mis ojos cerrados [...] me ha tocado; me ha roto la cabeza soberbia [...] y ya siento en mi alma el dolor de los mundos» (124). Ángela no reniega de lo escrito hasta el momento, pero ha finalizado una etapa y comienza otra en que no podrá evitar adentrarse en la *poesía impura*, a la que abraza, tomando consciencia de su cambio y movimiento como poetisa.

«Exhortación impertinente a mis hermanas poetisas»

También en 1950, Ángela publica en la revista *Espadaña* «Exhortación impertinente a mis hermanas poetisas», con una dedicatoria a Carmen Conde.

Antes de adentrarnos en los versos, nos fijamos en el título: «Exhortación impertinente a mis hermanas poetisas».

María Payeras analiza en *El linaje de Eva* este poema, e interpreta que el uso de «poetisas» por parte de Figuera se lleva a cabo desde lo peyorativo del término, posicionándose contra el empleo normalizado de este término, de modo que para la autora las connotaciones negativas habrían trascendido a un nivel denotativo. Sin embargo, más bien vemos que también Ángela se incluye, en este poema, en el grupo de las «poetisas», a pesar de lo irónico de su tono, y anima a sus «hermanas» a componer una poesía comprometida. Defendemos esto porque no hay nada en el poema que nos lleve a pensar lo contrario respecto al término, porque la propia denominación de «hermanas» es amable e implica identificación y cercanía, y porque va dedicado a Carmen Conde, quien utilizaba con frecuencia y naturalidad «poetisa» y a quien Ángela se dirigió con admiración y respeto de esta forma.

El poema, que se ha convertido en un auténtico manifiesto y en uno de los poemas más conocidos de la autora, es una crítica amistosa, que va en la línea de lo que ella ya estaba comenzando a hacer con su propia poesía[19]. Ángela las anima a que dejen atrás la modosidad en que las han educado y a que se atrevan, como ella, a escribir sobre lo carnal y terrenal, porque es necesario llenar la poesía de estas impurezas: «[...] el mundo se ha cansado de céfiros/ aromados, de suaves rosicleres o lirios,/ y de tantos poemas como platos de nata» (Figuera 308). Fijémonos en esta estrofa que sigue a los anteriores versos:

---

19   Si bien este poema se publica en el año 1950 y Figuera no pondrá oficialmente las cartas sobre la mesa acerca de estas cuestiones hasta 1952, fecha de publicación de *El grito inútil*, 1950 es el año en que publica *Vencida por el ángel*, que, sin embargo, ya supone la entrada en su poesía comprometida.

Levantaos, hermanas. Desnudaos la túnica.
Dad al viento el cabello. Requemaos la carne
con el fuego y la escarcha de los días violentos
y las noches hostiles aguzadas de enigmas.
No os quedéis en el margen. Que las aguas os lleven
sobre finas arenas o afilados guijarros.
Que os penetren las sales. Que las zarzas os hieran.
Y, acerando la quilla, remontad la corriente
hacia el puro misterio donde el río se inicia (308).

El poema empieza a explicitar su intención: está llamando a que se «alcen sobre su dócil barro femenino», como la poetisa dirá en «Los días duros» (*Los días duros*, 1953), y a que reivindiquen su espacio en el mundo y en la poesía. Ciertas palabras y verbos, varias veces en modo imperativo, dotan de expresividad y fuerza este mensaje: «levantaos», «desnudaos», «requemaos», «guijarros», «penetren», «hieran», etc. Ángela se sitúa desde una visceralidad que exalta a través del lenguaje una simbología opuesta a la moral del nacionalcatolicismo y a las imágenes poéticas canónicas, basada en la fuerza y en la libertad.

Ángela es consciente de todo ello, por eso no se queda en la superficie y se sumerge hasta el fondo de la tradición, llegando hasta la figura bíblica de Eva para tomarla como modelo y revertir así el relato cristiano:

Eva quiso morder en la fruta. Mordedla.
Y cantad el destino de su largo linaje
dolorido y glorioso. Porque, amigas, la vida
es así: todo eso que os aturde y asusta (Figuera 309).

Lo que está haciendo Figuera es incidir en la existencia de generaciones y generaciones de mujeres que tienen en común haber sido reprimidas a muchos niveles: el sexual, el político, el social, el cultural, el educacional, etc. Así, aquellas que son poetisas y aspiran a hacer valer su obra, desquitándose del impulso canónico, podrán conseguirlo por dos vías: la primera, como mujeres, liberándose de la opresión de género, aun de forma individual, renunciando a las nociones de culpa y pecado, «mordiendo la fruta»; la segunda, como escritoras, «cantando» a ese «linaje» de mujeres, nombrándolo sin pudor, y plasmando sin tapujos su visión del mundo. Ángela llevaba reivindicando este *decirlo todo* desde *Mujer de barro*.

«Los días duros»

Antes hemos adelantado el que se presenta como poema inaugural del libro *Los días duros* (1953), con su mismo título. La poetisa empieza con una afirmación: «No. Ya no puedo estar como solía». Se refiere a una primera etapa de su obra, y por los siguientes versos podríamos pensar que se trata de *Mujer de barro*: «Bien lo sabéis cómo era yo de tierna./ Cómo canté mi arcilla y mis claveles/ [...] Cómo me di a la lluvia y a los vientos/ y al fuego del varón y a la tarea/ de concebir y alumbrar con grito». En *Mujer de barro*, la autora cantaba con júbilo la maternidad, la pasión amorosa y los cuidados para dar un giro en *El grito inútil* y continuar por el camino que sigue *Los días duros*, donde tener hijos es para la mujer sufrimiento y sacrificio sin frutos por el contexto en que se materna, y donde la relación entre cónyuges, en el marco del matrimonio tradicional, se retrata como un mecanismo de esclavitud doméstica, sexual y reproductiva ejercido contra la mujer. Lo vemos en poemas como «Mujer» (*Los días duros*, 1953): «Madres del mundo, tristes paridoras,/ gemid, clamad, aullad por vuestros frutos» (Figuera 178); «Víspera de la vida» (*Víspera de la vida*, 1953): «Acércate a una madre en el instante/ de desgarrarse, distendida, rota/ [...] sacudiendo/ del arraigado tallo el fruto vivo/ para lanzarlo, desprendido y solo,/ por el herido cauce a la intemperie» (Figuera 192); «Culpa» (*El grito inútil*, 1952): «Si las hembras rehúyen el parir» (Figuera 145); «Mujeres del mercado» (*El grito inútil*, 1952): «[...] A un marido/ con olor a aguardiente y a sudor y a colilla./ [...] Que tal vez por la noche, en la fétida alcoba,/ sin caricias ni halagos, con brutal impaciencia/ de animal instintivo, les castigue la entraña/ con el peso agobiante de otro mísero fruto./ Otro largo cansancio» (Figuera 142, 143); «Rebelión» (*El grito inútil*, 1952): «No más parir abeles y caínes» (Figuera 143); o «El grito inútil» (*El grito inútil*, 1952): «A la embestida seca de los machos/ [...] Hay que oponer lo recio femenino/ [...] Ya no podemos acunar la débil/ carne del hijo en un regazo tibio/ de raso y plumas: hay que sostenerla/ con fuertes manos, apoyarla adrede/ en el inquieto suelo, preparando/ con firme decisión su andar futuro» (Figuera 171). Y como la realidad es así:

> No mataré mi risa ni mis sueños.
> No dejaré mis besos olvidados.
> No perderé mi amor entre las ruinas.
> Pero no puedo desmayarme blanda (171).

Así finaliza el poema «Los días duros», defendiendo la necesidad y la decisión de lanzar con la escritura un grito de batalla y de reafirmarse en la posición de hacer poesía manchándose las manos.

«Ensánchame»

Aparece más adelante «Ensánchame», la descripción de un éxtasis que recuerda a la mística de San Juan de la Cruz. Leamos a este último en clave metapoética: en el

«Cantar del alma» todo sucede de noche, y a pesar de la oscuridad, se comprende bien lo que está ocurriendo, aunque no seamos capaces de descifrar su origen; se está hablando de la inspiración poética cuando viene en soledad, en mitad del enigmático ambiente que crea este momento del día, cuando se permanece en el cuarto aún despierto. La llegada de esta inspiración es sinónimo de vida y júbilo, y lo que produce (la creación poética) queda representada con el agua que brota caudalosa de la fuente, de la que se tiene constancia, pero no explicación. Este alcance espiritual supone en términos poéticos y filosóficos una liberación y, aunque desde un contexto estético e ideológico muy lejano, Ángela Figuera también describe un despertar (la poesía) que le permite ser libre y acceder al conocimiento de la realidad. Este despertar tiene también que ver con una dimensión espiritual, ya que trasciende lo corporal: «Tanto licor en vaso tan pequeño./ Señor, tan hondo afán, tan altas ramas,/ tanto clamor corriendo a borbotones/ en las estrechas delicadas venas [...] me romperán, Señor, me harán pedazos» (183). Así, le pide a la deidad: «Ensánchame, Señor. Dame el abismo/ más hondo y ancho y alto de tus mundos/ para volcarme toda y dilatarme [...] y alzarme en olas, y cantar subiendo/ desde el oscuro fondo [...] hasta el ardiente/ contacto de los astros suspendidos,/ y revolverme libre, y alargarme/ hasta rozar las playas remotísimas/ con lentos pasos y tenderme en ellas/ como animal herido, descansando» (183). En la «Noche oscura del alma», cuando esta logra el encuentro deseado, reposa después de una gran agitación provocada por la búsqueda. Es sorprendente lo parecidas que son ambas construcciones del sujeto poético: el alma de San Juan de la Cruz se asemeja en lo aventurero a la voz de la poetisa; emprenden un viaje al encuentro urgente, para finalmente, apaciguarse. Esta calma llega con la consecución del objeto poético. Como decíamos, para Ángela Figuera Aymerich, la escritura —el *canto*— es una vía de autodeterminación y emancipación. Volvemos a comprobar de nuevo la expresividad de la poetisa: «abismo», «volcarme toda», «dilatarme», «alzarme», etc. El despliegue de toda una terminología perteneciente a un campo semántico de lo visceral, y el polisíndeton (repetición de la conjunción «y») contribuyen a recrear la experiencia, como contó San Juan de la Cruz, de «toda ciencia trascendiendo».

«Canto rabioso de amor a España en su belleza»

Este poema, perteneciente a *Belleza cruel*, llega de una tradición que avanza desde Antonio Machado hasta Miguel Hernández, dos poetas que formaron parte de las lecturas de Figuera. La voz poética se reafirma en su «cantar a España», pero la importancia radica en cómo lo hace: «Y con la pluma ardiendo y con la pluma/ loca de amor rabioso canto y firmo» (243). Este tomar partido con la pluma, con la escritura, es nuevamente empoderante, pues no es un canto ingenuo, sino lleno de denuncia: «y en tus encadenados hombres, canto» (243). La poetisa siente la relevancia de utilizar su verso para decir lo que es reprimido por el régimen.

Al igual que en «Ensánchame», esta potencia del decir trasciende a lo material y físico: «hasta embestirme, hasta llenarme toda,/ hasta romperme el miedo y la corteza [...] y hace subir mi sangre a borbotones/ entre garganta y verso para ahogarme [...] clavándome la lengua con los dientes» (245). No son inocentes ni deben pasar por alto las alusiones a un cuerpo; lo son a uno femenino, el de la poetisa, que, en tanto que cuerpo de mujer, ha estado históricamente censurado. Nombrar el cuerpo en estado de excitación es signo de liberación.

«Habla»

En «Habla», (*Los días duros*), la voz poética le pide al *Señor* que la lance contra la realidad para poder cumplir una misión poética individual y colectiva que se identifica casi con lo profético: *decirlo* todo.

> Hiéreme la corteza indiferente
> [...]
> Habla, Señor, no esperes que el silencio
> suba en marea espesa hasta mi frente.
> Entonces quedaré como de piedra,
> muda y helada y todo será en vano.
> No esperes que el dolor deje mi pecho
> vacío y apagado como un cráter.
> [...]
> ¿He de crearte a ciegas, si Tú callas,
> para afirmar que un día me creaste,
> que tuve en tu palabra mi principio? (184).

Esta misión que se impone, lejos de encajar su voz en la de un poeta romántico, es decir, de pequeño dios en tanto que creador, la sitúa, por el contrario, en relación con la concepción medieval teocéntrica de escritura. La poética que esta composición expone presenta la revelación de la realidad del mundo como labor del poeta. Así, accediendo a Dios (y concediéndolo este) es como puede llevarse a cabo la misión, pues en él está la verdad, que es dada para ser escrita. Ángela Figuera conoce bien la tradición poética, y la recoge para introducirse en ella de manera innovadora y realizar un ejercicio metapoético concreto: llevar a cabo una defensa de la poesía social:

Habla, Señor, descúbreme tu rostro
[...]
Haz que te sufra [...]
[...] Prefiero
arder en tu presencia y consumirme
a ser escoria fría que tus ojos
olvidan al borde del camino (185).

Vamos ahora unos años hacia delante, a dos poemas del libro *Toco la tierra, Letanías* (1962): «En tierra escribo» y «Aunque la mies más alta dure un día». En ambas composiciones la autora se reafirma como mujer fuertemente anclada a lo terrenal, y hace de ello motivo de orgullo, dándoles la vuelta a las convenciones poéticas que han situado lo lírico como género elevado.

«En tierra escribo»

Con el soneto «En tierra escribo» asume las pérdidas por tomar esta posición: «Si, por amar la tierra, pierdo el cielo,/ si no logro completa mi estatura/ ni pongo el corazón a más altura/ por no perder contacto con el suelo;/ [...] es porque soy de tierra: en tierra escribo [...] Mi poesía/ toca la tierra y tierra será un día» (262), pero son, al fin, inevitables, y todo ello forma parte de su naturaleza humana.

«Aunque la mies más alta dure un día»

En «Aunque la mies más alta dure un día» continúa por esta línea y escribe tajante: «Mujer de carne y verso me declaro,/ pozo de amor y boca dolorida,/ pero he de hacer un trueno de mi herida/ que suene aquí y ahora, fuerte y claro» (289). Esto, de nuevo, no solo es una posición estética, sino política: humanista, materialista y feminista.

«Carta de cumpleaños a Rafael Alberti»

«Carta de cumpleaños a Rafael Alberti» no se encuentra recogido en ningún libro, pero sí en las obras completas que manejamos. Alberti había cumplido sesenta años desde el exilio, y Ángela, haciéndose cargo de ello, habla en representación de los que se quedaron dentro: «Amigo Rafael:/ En esta orilla/ donde cantamos entre amor y rabia, llevando una esperanza sobre el pecho [...] Seguimos respirando/ contigo, con vosotros los ausentes,/ con nuestros muertos vivos de hace tiempo» (325, 326). No solo apela a él, sino al resto de intelectuales refugiados en el extranjero, y deja clara la oposición al régimen de los que en territorio español escriben denunciando la realidad política, vinculándose, además, con la clase trabajadora y con los que mantienen un compromiso antifascista: «Seguimos con los que aran y construyen,/ con los que buscan paz a contrapelo,/ con los que buscan aire en las prisiones/ o dicen la verdad por los caminos [...] de este lado/ del mar y al otro lado; y bajo tierra» (326). Nombra también a los presos y a los muertos, y amplía su crítica hacia la expansión del capitalismo: «lanzando los poemas como balas [...] contra la fuerza en dólares o el plomo» (326). Aunque Figuera hubiese dudado anteriormente del poder de su poesía para cambiar las condiciones materiales, la poetisa deposita en esta composición un voto de confianza en los versos como arma.

«Poeta puro»

«Poeta puro» es una nueva defensa de la poesía impura: «y has de pisar sin miedo barro impuro» (Figuera 315). De la misma forma, retoma el símbolo positivo del barro para identificarlo con lo terrenal y humano. Como apuntábamos en los análisis correspondientes a *Mujer de barro*, Ángela Figuera usa este elemento del *Antiguo Testamento* para resignificarlo y dignificarlo: constituir a la mujer del mismo elemento del que según el relato bíblico está compuesto el hombre. De la misma forma, también anima al poeta a escapar de su individualismo y a comprometerse con una colectividad: «Hombre serás si habitas con los hombres./ Ven a llamar las cosas por sus nombres;/ no estés en soledad; entra en el coro./ Pon tierra, llanto y sangre en tu poesía» (316), porque así: «[...] se alzará más bello y más sonoro» (316).

«A Carmen Conde, "mujer sin edén"»

En el poema «A Carmen Conde, "Mujer sin Edén"», Ángela utiliza el título de un poemario de Conde, *Mujer sin Edén*, para nombrarla a ella como tal. En la composición, Figuera destaca la figura de su compañera como mujer que ha realizado una escritura comprometida pese a todas las adversidades. Hemos de recordar la actividad no solo literaria, sino política, social y cultural que llevó a cabo la autora: colaboró con la II República a través de proyectos progresistas enfocados sobre todo hacia la educación, como la Universidad Popular de Cartagena, de donde era natural; fue cercana a las Misiones Pedagógicas, y una vez estallada la Guerra Civil, participó en la Agrupación de Mujeres Antifascistas como maestra para mujeres analfabetas. Tras la imposición del régimen militar fascista fue juzgada por haber ejercido toda esta labor, aunque finalmente pudo seguir en libertad y desarrollándose como intelectual dentro del país. De todo esto se hace eco Ángela:

Tú, mujer en exilio, sumergida en mareas
seculares y amargas, no renuncias. Inquieres.

Tú, vencida, disuelta, resurrecta, juzgada,
clamas alto con grito de agudísimo vuelo
por tu amor, tu pecado, tu ignorancia y tu sino (336).

Al final de este poema, Figuera recupera la tradición
bíblica nuevamente con Eva y el pecado original, que ya
forma parte del título y está referida previamente en el
poema [«Porque tú, desterrada del Jardín [...]» (336)]:

Porque Eva no sabía. La Serpiente sabía.
Dios sabía y callaba consintiendo. La fuerza
del Varón no detuvo ni cortó aquella mano.
Y la culpa fue nuestra. Nuestra culpa. Eso dicen (337).

Con esto, alude una vez más al factor de ser mujer en
mitad de la grave situación de adversidad que se vive en
el país, con un panorama literario dominado por el género
masculino. Así, absuelve a Eva de la culpa, y continuando
con un relato alegórico, atribuye la existencia de ese patriarcado a la complicidad entre Dios y el varón. Ángela
Figuera enmarca a Carmen Conde en un grupo de mujeres
escritoras subversivas que, como ella, se encuentran des-
terradas, no solo de la literatura, sino de la actividad política en cualquiera de sus ámbitos.

«A Carmen Conde, "Mujer sin edén"», junto con los
poemas analizados antes bajo este apartado, constituye una
clara muestra de la conciencia feminista y antifascista que
la autora desarrolló en su poesía, no usándola simplemente
para denunciar la realidad social sino para inmiscuirse en
el propio terreno de la creación poética y apelando al
resto de compañeras y compañeros de oficio.

5.3.4. El *grito* ¿inútil? Reflexiones sobre la utilidad, función, deber o finalidad de la poesía

Cuando Ángela Figuera reflexiona en su poesía acerca de la función de esta en el mundo, está participando del debate de la metapoesía social de posguerra, pero hay cierto pesimismo en ella que la distingue. Figuera se pregunta constantemente si es su poesía útil para la realidad en la que vive, o incluso si es ético dedicarse a escribir poesía dado el contexto de la época. Estos cuestionamientos están estrechamente relacionados con una condición de género, pues la exclusión y la falta de atención que sufre su obra en comparación con la de los poetas hombres la lleva a adoptar una visión de su escritura en la que los versos que publica no tienen el impacto que ella esperaría. Sin embargo, no por ello llega a dejar de componerla; existe, al mismo tiempo, esperanza en el decir poético.

«El grito inútil»

Es la primera composición del poemario *El grito inútil* (Figuera 135). Se trata de un poema extremadamente revelador que da comienzo no solo a un poemario, sino a una nueva poética en la obra de Ángela Figuera Aymerich, donde su metapoesía será una metapoesía social. En este contexto, la utilidad del oficio de poeta será puesta en tela de juicio a partir de ahora, pero incidiendo concretamente en el de poetisa, en el de la voz poética femenina, que, además de sumarse a una cuestión generacional, plantea el problema del silenciamiento de las mujeres y del segundo puesto que ocupan en la sociedad. El título de «El grito inútil» ya aporta un calificativo que desvela el contenido del poema. A la pregunta «¿Qué vale una mujer?» le suceden otras en una estructura paralelística: «¿Qué puede una mujer en la riada/ donde naufragan tantos superhombres [...]?/ ¿Qué puedo yo con estos pies de arcilla [...] resbalándome/ por todos los problemas sin remedio?/ ¿Qué puedo yo, menesterosa, incrédula,/ con solo esta canción [...]?» (Ibid.) Y sentencia con esta estrofa antes de pasar a la segunda parte del poema:

> ¿Qué puedo yo perdida en el silencio
> de Dios, desconectada de los hombres,
> preñada ya tan solo de mi muerte,
> en una espera, lánguida y difícil,
> edificando, terca, mis poemas
> con argamasa de salitre y llanto? (Figuera 135).

Nos detenemos en los versos hasta ahora referidos. La estructura paralelística a la que aludíamos antes se compone de preguntas retóricas que, desde el nivel formal, otorgan al poema una mayor sensación de angustia respecto a lo que ya expresa el contenido. Estas preguntas se formulan haciendo hincapié en la condición de género de quien las escribe; en las dos primeras estrofas se formulan desde la tercera persona, pero en las tres siguientes aparecen en primera, de forma que se sitúa el foco sobre la mujer (en un sentido plural) y después sobre sí misma. Cuando Ángela Figuera escribe «¿Qué puede una mujer en la riada/ donde naufragan tantos superhombres [...]?» está hablando, según María Paz Moreno, de la puesta en evidencia de un mundo encabezado por el género masculino que se tambalea al ignorar la palabra de las mujeres y queda ahora al descubierto: «La imagen del naufragio refleja el fracaso de una sociedad basada en el orden falologocéntrico[20], lo que hace aún más acuciante la necesidad de escuchar la voz de la mujer» (64). Más adelante, en la tercera estrofa, la voz poética se atribuye unos «pies de arcilla» que de poco le sirven: «¿Qué puedo yo con estos pies de arcilla/ rondando las provincias del pecado,/ trepando por las dunas, resbalándome/ por todos los problemas sin remedio?» (Figuera 135). La autora construye un relato en que es consciente de estar saliéndose de lo establecido y de las convenciones sociales («rondando las provincias del pecado»), pero no le basta con ello. Además, siente ansias de solucionar los «problemas sin remedio» que serían todas las injusticias que vive la población, y en especial la mujer, aunque se sitúa en una posición ya de derrota; se ha dado cuenta de que ella sola no puede luchar con todo un sistema de dominación, y que escribir poesía simplemente la hace entrar en diálogo consigo misma, aislada del resto, como sintetiza en la estrofa que hemos señalado antes.

A partir de la sexta estrofa señalamos una segunda parte en el poema, en el que sucede un fenómeno propio de la «crítica de la inspiración» sobre la que habla Pérez Parejo: se trata del uso irónico o paródico de símbolos poéticos recurrentes, sobre todo en la poesía modernista (264). En esta parte de la composición, la poetisa pide:

> Volvedme a aquel descuido, a aquel sosiego
> en que era dable andar por los caminos
> pastoreando ensueños como ovejas.
> Volvedme al ruiseñor de aquel boscaje.

---

20 Se trata de un concepto que introduce Hélène Cixous, explicado así por Magda Potok: «Si la palabra es poder y el discurso es androcéntrico, vivimos en el reino masculino del Logos, para el que se adapta el término de falogocentrismo» (211).

Al vuelo de aquel cisne por el lago
bajo la plata azul de aquella luna.
Volvedme a la andadura mesurada,
al tópico dulcísimo y sedante
de un verso con timón y cortesía
donde cantar cómo los bucles de oro
son cómplices del pájaro y la rosa,
porque eso, al fin, a nada compromete
y siempre suena bien y hace bonito (Figuera 135, 136).

Una vez ha abierto los ojos ante una realidad y no puede ignorarla, desea volver a la comodidad previa («aquel descuido»), desde la que se puede escribir una poesía pura, «porque eso, al fin, a nada compromete/ y siempre suena bien y hace bonito». «Ruiseñor», «cisne», «plata», «luna», «bucles de oro», «rosa» son algunos de esos elementos tradicionales que utiliza para recrear un imaginario poético al que ya no tiene sentido volver. Y cierra el poema:

Y yo pregunto, vadeando a solas
un río de aguas turbias y crueles,
¿qué puede una mujer, para qué sirve
una mujer gritando entre los muertos? (Figuera 136).

Moreno también destaca en su artículo unas conclusiones de John Wilcox acerca de este poema: «it is an indication of the desperation felt by woman who sensed she was ignored as an artist by the patriarchal system»[21] (64). Añade, además, que «la imagen del "río de aguas turbias y crueles" que la poeta debe vadear "a solas" refleja metafóricamente la sociedad patriarcal en la que Figuera

---

21 «Es signo de la desesperación sufrida por una mujer que siente cómo ha sido ignorada como artista por el sistema patriarcal».

escribe, sociedad que ignora o menosprecia la relevancia de sus creaciones» (Ibid.).

Nos atrevemos a afirmar que este es el metapoema más significativo de la obra de Ángela Figuera, no solo por la importancia y singularidad que le da el abordar la creación poética desde la perspectiva de una mujer que escribe, sino por todos los ejes que vertebran el completísimo contenido de la composición: la cuestión de la utilidad de la poesía, una «crítica al oficio de escritor» (Pérez 2007), una «crítica de la inspiración» (Ibid.), el compromiso social, la necesidad de alzar la voz, el debate entre la poesía pura e impura y las limitaciones del medio, que es el lenguaje («crítica del lenguaje») (Ibid.).

«Posguerra»

De *El grito inútil* continuamos con «Posguerra». Este poema nos sumerge en un canto optimista para descubrir, después, que no es sino una primera parte a la que va a seguir otra muy distinta. Figuera habla a una colectividad que ha sobrevivido a la violencia y a las miserias de la guerra, una colectividad a la que se dirige como «hermanos», y más adelante como «amigos», apelativos propios de la poesía figueriana y de su concepción del ser humano. Esta colectividad pertenece, como ella, a algún ámbito de la intelectualidad, especialmente de aquella que ha permanecido dentro del país tras la toma del poder por parte de los fascistas: «Alegraos, hermanos, porque seguimos vivos [...] Aún nos queda la carne y un acero de huesos/ nos mantiene flexibles bajo el cielo de siempre/ que absorbió indiferente los agónicos gritos [...] Alegraos, hermanos, porque es bueno quedarse/ como espiga escapada a la hoz y a la muela» (138). Y se reafirma la voz poética como tal: «Yo poeta, os lo digo» (138). Está trasladando una esperanza para continuar en pie, en militancia poética y vital, que también son políticas, e incluso desde esta visión se permite la asunción de la poesía («los gritos») como algo que no provoca directamente cambios, pero nos ayuda a existir. Lleva esta esperanza más allá: «[...] En las ruinas y grietas/ que dejó el terremoto sembraremos el grano/ y veremos crecer el tomillo y la rosa» (138). Proyecta una ilusión de recomponer de alguna forma lo perdido tras la guerra. Esta primera parte termina con una hermosa y llamativa estrofa que funciona como culmen: «Somos, somos, amigos, más allá del desastre/ Continuemos. Hagamos cosas, hijos, sonetos,/ sinfonías, retablos/ [...]» (139). Bajo una hilera de puntos que encontramos en la edición de Hiperión que manejamos, se nos descubre la segunda parte del poema, que comienza así: «He mirado a mi lado. Como sombras caminan» (139).

La poetisa nos sitúa de pronto en otro escenario; desde este primer verso sabemos que nos ha bajado a la tierra, a un choque entre sus ideas y la realidad que encuentra: «No me escuchan. ¿Qué largas resonancias tremendas/ ensordecen sus almas? No me miran. ¿Son alguien? [...] ¿Esto queda del hombre tras la furia del hombre?/ Y yo sé que no puedo darles nada [...]» (139). Vuelve así el tema del cuestionamiento de la labor del poeta. Pero, como decíamos antes, Ángela Figuera no está jugando con el lector, lo sabemos por la lectura del resto de su obra: es coherente con su poética, nunca deja de obviar la realidad que hay más allá del oficio. Esta segunda parte, más bien, equilibra un optimismo, exagerado a propósito en ocasiones: «[...] En las ruinas y grietas/ que dejó el terremoto sembraremos el grano/ y veremos crecer el tomillo y la rosa» (138).

«La casa»

«La casa» es, cuando menos, un poema curioso. No reflexiona explícitamente sobre la creación poética, es bastante misterioso. Acompañado de un epígrafe que toma una cita de Pablo Neruda («Salí a hacer una casa con tu madera pura»), empieza diciendo: «No quise nada malo. Solamente/ construirme una casa» (140). Adentrados en la poesía de Figuera, podemos intuir que esa casa es la poesía, una poesía-refugio o que trata de serlo: «Con la madera pura y olorosa [...] de los robles tenaces que mi España sustenta [...] Una casa cuadrada, inocente [...] como la leche materna»[22] (140). Esta casa es «contra el terror estúpido de las noches,/ contra la vergüenza de los días demasiado brillantes,/ un fiel caparazón de cal y canto [...] donde colgar las ropas sudadas/ y el cansancio de las horas larguísimas» (141).

De la poesía se espera que represente un abrigo frente a los momentos de debilidad, un espacio de reafirmación en el amor por la belleza y un antídoto contra lo prosaico de los días y de la burocracia, también, y esto es especialmente importante en el contexto de la obra de Figuera: «una alcoba caliente y profunda/ para el sueño, para el amor, para el parto» (141). El amor, la pasión y la maternidad tienen un fuerte protagonismo en la poesía de Ángela, expresados desde una concepción gozosa en sus primeros poemarios, *Mujer de barro* y *Soria pura*, y contrapuestos a una realidad, por desgracia, repleta de fealdad a partir de *Vencida por el ángel*. Aquí estos tres elementos se unen y se reivindican de nuevo, pero no sin dificultades:

---

22 El tema de España como madre ya había sido tratado durante la Guerra Civil por César Vallejo, y poetas como Ángela Figuera o Blas de Otero le dan continuidad en su poesía social.

«Pero todos se echaron sobre mí. Vete, perro,/ que la tierra no es tuya./ Ni la piedra ni el árbol ni la sombra ni el aire/ Salí a hacer una casa. Y aquí me tenéis, hijos./ Apaleado y desnudo./ Con mi corazón crédulo mojado por la lluvia» (141).

«Silencio»

El siguiente metapoema que encontramos en *El grito inútil* es «Silencio». Durante la primera estrofa, la poetisa propone alternativas a dejarse llevar por el impulso de componer, y estas alternativas son más bien métodos para reprimir, tajantemente, la escritura; el léxico empleado contribuye a plasmar esta violencia: «morder», «yugular», «coagule», «callar», «rompernos», «dientes», «pedazos», «piedras». Aporta también una imagen contundente: «[...] Rompernos la canción con los dientes/ y enterrar sus pedazos en un pozo profundo/ y cegarlo con piedras y con sal y olvidarlo» (Figuera 149). Después de esto, realiza una pesimista descripción del oficio de poeta: «Ser poeta es superfluo» —afirma—. «Es dejar que nos vean con las manos vacías/ y afirmar tercamente que van llenas de rosas» (Ibid.). Está evidenciando la desconexión de los poetas respecto al mundo real, en el que prima lo práctico, en el que se debe sobrevivir, y para ello no hacen falta versos. El poeta no está aportando realmente nada, pero, como se halla encerrado en una burbuja elitista junto a otros como él, cree poseer una importancia que no tiene. «Ser poeta es inútil», continúa en la siguiente estrofa, y se dirige a él:

Cuando todos tus versos, día a día, exhibiendo
delicados perfiles de barroca belleza,
hayan dicho el fracaso de ser hombre, la angustia

de ir a tientas, vagando con latido impreciso
por caminos fangosos que los muertos obstruyen,
con el alma colgando como harapo inservible
del cansado esqueleto corroído de caries:
cuando gire el poema como aguda veleta
señalando el desastre más allá del refugio
¿qué habrás hecho, poeta? [...] (Id. 149, 150).

Muestra así el nulo resultado que ofrece la poesía en un mundo que agoniza, y no es que esté realizando una defensa de la poesía comprometida frente a otra que se desentiende de todos los problemas sociales; está realizando, precisamente, una crítica a su propia obra y a la de su generación: «Y aunque grites el hambre y las madres robadas/ no habrá pan en las bocas ni los rotos regazos/ serán llenos de nuevo con el peso del hijo» (Figuera 150).

Cabe destacar la importancia que, dentro del sufrimiento humano de posguerra, represión y pobreza, da Ángela Figuera a la maternidad. No se trata de una obsesión personal con el tema, sino de la intención de dar voz a una experiencia femenina de dolor. Termina el poema recurriendo a los consejos que daba al principio, y concluye valorando por encima de la creación poética el «empezar a poner con humilde paciencia/ un ladrillo sobre otro» (Ibid.).

«Sobramos»

En «Sobramos» (Figuera 154), la autora vuelve a tratar el oficio de poeta, pero esta vez evita señalar en segunda persona del singular para incluirse mediante la primera del plural, reconociéndose a sí misma como parte del gremio: «Los poetas sobramos» es el último verso de la composición, afirmación que aparece por primera vez en todo el poema y que viene precedida de una descripción de la sociedad del momento, percibida como rápida, utilitarista y plagada de tecnología; el mundo está «terriblemente lleno». Pérez Parejo describe este fenómeno así:

> Vivimos en una época en la que todas las actividades manuales han caído en desuso con la industrialización. El poeta pertenece también, en cierto modo, al gremio de los artesanos, con su lenta búsqueda de la belleza; es por ello que puede sentirse desplazado en un contexto en el que se valora fundamentalmente la utilidad y la rapidez con que se realizan y se consumen todas las actividades. Es lógico que se pregunte sobre su razón de ser en una sociedad tan utilitarista (271).

Esta tecnología que se presenta en el poema compite con la naturaleza y con los elementos poéticos, venciéndolos: «(También hay automóviles más veloces y bellos/ que arcángeles de acero con las alas plegadas)»; sin embargo, «de vez en cuando hay flores» (Ibid.), por lo que insta a no cortarlas, a no menospreciar su belleza.

La concepción desde la que se sitúa este poema es algo distinta a la que veíamos antes; la poetisa continúa admitiendo la ineficacia de la poesía, pero al mismo tiempo la defiende, aun con todas las limitaciones que sabe que tiene. «Está tan lleno el mundo, que yo, palabra, amigos,/ no sé dónde ponerme» (Id. 155). Ella misma es palabra que duda: «No sé si tengo sitio» (Ibid.)

«Y ahora el llanto»

Por el mismo camino va «Y ahora el llanto» (Figuera 161), en donde este es la creación poética, y las lágrimas que se derraman sobre cualquier posible lugar o escenario, los versos. De igual forma, se mantiene una crítica a la poesía social y a su vano esfuerzo: «He gritado a mi modo (soy tozuda)/ [...] hasta llenar de prosa despreciable mis versos» (Ibid.), llegando a utilizar aquí un argumento propio de los defensores de la poesía pura, en tono sarcástico: «Mejor hubiera estado cortando margaritas/ o sonetos de boj correlativos» (Ibid.). Después, las lágrimas (los versos) «caen ineficaces», «caen sobre las manos duramente adiestradas/ que empuñan una azada, un fusil, una lima/ un pedazo de tiza o una llave maestra» (Id. 162), materiales que son útiles, no como la pluma: «van cayendo sin ruido», y caen también «sobre la frente de los poetas».

Al mismo tiempo, Figuera, como en «El grito inútil», está expresando que su poesía recibe aún menos atención que la de los poetas hombres, y reproduce también la voz de los que la menospreciarían por su condición de género: «Me habréis oído a veces/ (Señor, qué mujer esta)» (161); sabe que sus versos son marginados al llegar desde una figura femenina. Esta idea se ve más clara al final del poema: «Y lloro (no hay remedio, soy idiota)/ con toda buena fe y a todo riesgo./ Como si a mí me fuera y me viniera./ Como si no estuviera tan a gusto en mi casa» (163).

La autora hace uso de la ironía para denunciar, en primer lugar, lo denostado de la poesía *impura*, y en segundo, lo que la sociedad espera de una mujer, que no es ni mucho menos la dedicación a la escritura. Hablaríamos, así, de la consciencia de una curiosa doble opresión: la de ser *poeta social* y mujer.

«Epílogo a Blas de Otero»

Es el poema siguiente a «Y ahora el llanto» y el último de *El grito inútil*. El poema describe un diálogo entre ambos poetas a través de su obra y realiza un repaso sobre ella. Además, la autora vuelve a hablar, en un tono más bien de autocrítica, sobre cómo los poetas, mientras todo se está desmoronando, vuelven una y otra vez a la escritura:

> ¿No ves? Vamos saltando, tal vez a pies juntillas,
> tal vez a pata coja o a la gallina ciega,
> esquivando los baches y burlando alambradas,
> cayendo en sucio fango o en agua de colonia,
> y luego, por la noche, nos abrasan los ojos.
> Y damos vueltas y más vueltas
> con un atroz poema pinchado en las almohadas
> o puesto de través entre los huesos
> o cortándonos la respiración
> como un buche de hiel atragantado (164, 165).

Al final del poema, Ángela Figuera le recuerda a Blas de Otero un verso que ya hemos encontrado antes: «Mejor fuera callarse. Licenciar la metáfora», de «Silencio», y expresa que esto lo dijo a él («Y yo llegué a decirte»), de manera que, como decíamos, la composición plantea una conversación en verso constante entre ambos poetas a lo largo de su trayectoria poética.

«Poeta»

Otro metapoema destacable de *El grito inútil* es «Poeta» (Figuera 179), con el que, a modo de paréntesis en un poemario que alienta a la rebelión, confiesa que su oficio no es sencillo: «Más de un día me duele ser poeta [...]» (Ibid.). En esta composición, la autora adopta un masculino genérico: no solo lo advertimos por el término «poeta», que podría estar siendo utilizado como una forma femenina, sino por citas como «[...] cuando solo se vive/ mudo y simple [...]» (Ibid.) o «[...] aquel que es poeta [...]». Este uso de una voz poética masculina —especialmente cuando se está hablando del oficio— podría tener que ver con eso sobre lo que llamaba la atención Showalter y que comentábamos al principio: el deseo de acercarse a una universalidad.

Jo Evans aborda la cuestión en referencia al poemario *Soria pura*:

> *Soria pura* [...] is written in imitation of Antonio Machado, confirming Carmen Conde's suggestion that women have to struggle to overcome the influence of the male voice: «La mujer al ingresar en el mundo de la creación, obedecía a un total mimetismo; impostaba su voz en tono ajeno, y por ajeno falso». These poems were later rejected by Figuera as naive and derivative and it is not until the later work, that these tentative attempts to find and aesthetic aim are reformulated[23] (121).

Convendría matizar estas palabras de Jo Evans; en realidad, en la poesía de Ángela no se aprecia tanto un acercamiento estético a Antonio Machado como a otros poetas que sí trató de «imitar»: Juan Ramón Jiménez, por ejemplo, hacia el que la poetisa sentía gran admiración. Respecto a Machado, sí existe una intención de aproximación política y filosófica. Por otro lado, el hecho de que Figuera desarrollase una poesía más comprometida y realista después de *Soria pura* no quiere decir que rechazase este poemario ni el anterior, *Mujer de barro*, a pesar de ser consciente del cambio y señalarlo. Sí sabemos —y hemos señalado

---

23 «*Soria pura* está escrita en imitación a Antonio Machado, confirmando la teoría de Carmen Conde acerca de la lucha que las mujeres tienen que llevar a cabo para superar la influencia de la voz masculina [...] Estos poemas fueron más tarde rechazados por Ángela Figuera por ser ingenuos, y no es hasta su trabajo posterior que estos intentos de encontrar un objetivo estético se reformulan».

anteriormente en el trabajo— que, cuando por fin pudo publicar, no sacó a la luz la poesía escrita antes de *Mujer de barro*, por no considerarla de calidad.

«Cuando mi padre pintaba»

De este poema recogemos tan solo los siguientes versos, que son los últimos: «Todo era claro y dulce, porque, amigos, entonces/ cuando mi joven padre pintaba, yo era solo/ una ardilla inocente sin malicia ni versos» (202). Lo que se recoge aquí es toda una concepción de la escritura que hasta ahora hemos estado viendo como un «abrir los ojos» y no poder cerrarlos ya, al igual que ocurre con la pérdida de la inocencia. Cuando la poetisa es niña y aún no ha comenzado su producción poética, es «una ardilla inocente», que no conoce la crueldad del mundo que la rodea y que, por tanto, no la contempla. De esta forma, se empezaría a escribir —en el sentido comprometido— cuando se deja atrás la infancia y se es consciente del sufrimiento y de las injusticias que generan la represión y la violencia, para denunciarlas con la palabra.

«Belleza cruel»

En *Belleza cruel*, Ángela Figuera repite la fórmula de comenzar la obra con un metapoema que, además, lleva el nombre del propio poemario, como si de un prólogo al libro se tratase. En este primer poema, «Belleza cruel» (Figuera 217), la poetisa expresa una atracción irrefrenable hacia la búsqueda de belleza, algo que no puede evitar; al mismo tiempo, es consciente de que esto no es más que un privilegio que otros, los que sufren una vida precaria, no poseen, y llega a sentir incomodidad respecto a su posición: «Porque es lo cierto que me asusta verme/ las manos limpias persiguiendo a tontas/ mis mariposas de papel o versos» (Ibid.). Este poema vuelve a ser la rendición de cuentas tan propia de la metapoesía social de la poetisa para sí misma y para el resto, en cuyos versos se justifica y disculpa:

> Porque es lo cierto que empecé cantando
> para poner a salvo mis juguetes,
> pero ahora estoy aquí mordiendo el polvo,
> y me confieso y pido a los que pasan
> que me perdonen pronto tantas cosas.
> [...]
> Que me perdonen todos este lujo,
> este tremendo lujo de ir hallando
> tanta belleza en tierra, mar y cielo,
> tanta belleza devorada a solas,
> tanta belleza cruel, tanta belleza.
> (Figuera 218).

Es una belleza cruel porque ignora la realidad colectiva y la silencia. En realidad, Ángela Figuera está comunicando algo que en este punto puede adquirir una forma de conclusión, y es que la creación poética y todo lo que gira alrededor de ella es pura evasión, sea del tipo que sea. Lo único que puede hacer el poeta es comprometerse desde su propio ámbito para denunciar cada situación de injusticia que lo rodea, pero ni aun así va a dejar nunca de lado su condición, que es la de «ir hallando» belleza; algo que, aunque le avergüence, ama.

«La rosa incómoda»

«La rosa incómoda» (Figuera 223) continúa desarrollando este discurso. Recupera la repetida metáfora que materializa la poesía en una rosa, y, de nuevo, le vuelve a incomodar:

«Oh, demasiado bella y delicada/ para llevarla en triunfo por la calle,/ para ponerla al lado de un periódico» (Ibid.). Por eso la pone en comparación con elementos más terrenales como el periódico, consiguiendo un contraste entre la belleza que se busca y la realidad que se encuentra. Pero admite: «No sé qué hacer con ella./ Me nació. Y es tan mía que no puedo dejarla/ marchitarse en la sombra de mi alcoba sin lluvia/ ni meterla En el asfalto/ [...] Lo confieso: me encanta contemplarla a hurtadillas,/ tan tierna e inocente como antes de la culpa,/ como antes de esta paz y aquella guerra» (Id. 223, 224). Echa de menos un tiempo en que no se había producido ese «abrir los ojos» del que antes hablábamos: una añoranza de la inocencia, pero también de la época anterior al franquismo («esta paz» no es un escenario deseable). «Sí, me gusta mirarla. Pero siento vergüenza» (Id. 224).

«San Poeta Labrador»

En «San Poeta Labrador» (Figuera 246) volvemos a ver, presentado en forma de alegoría, un recorrido por la trayectoria poética de la autora en el que se describe cómo el poeta, al principio, escribe una poesía que va acercándose poco a poco a la impureza:

> Iba un puñado de belleza
> por cada puñado de grano.
> Y un puñadito de verdad.
> (Esto sin que lo viera el amo) (Ibid.).

Después, se sumerge en ella cada vez más, esperando encontrar el fruto de su trabajo después de una escritura comprometida:

Con las rodillas desolladas,
sabor a incienso entre mis labios,
yo, San Poeta Labrador,
cuando ya el sol estaba en lo alto,
salí en nombre de Dios Padre,
del Hijo y del Espíritu Santo,
con ojos anchos de esperanza,
salí al encuentro del milagro:
[...] (Figuera 247).

Pero no encuentra nada, y es entonces cuando se hace un llamamiento a la acción:

Dejé secar la sangre en mis rodillas.
Miré de frente y empuñé el arado (Id..248).

«Puentes»

«Puentes» es un poema que llama la atención por el despliegue de cuestiones que realiza la poetisa sobre los versos, con lirismo e ironía, pero sin dejar lugar a la ambigüedad. No es de extrañar la certeza que la autora tenía de que *Belleza cruel*, poemario al que pertenece, no podría jamás pasar la censura franquista. Comienza hablando del aislamiento del país tras la imposición de la dictadura militar fascista, sin pasar por alto la represión política: «Estamos encerrados en la isla [...] Primero nos hicieron picadillo/ y luego nos cargaron de cadenas/ y luego nos volaron los puentes» (248). Más adelante parece realizar un guiño a Dámaso Alonso: «[...] que nos cortaran los puentes y nos quedáramos tan solos/ diez millones de muertos» (248); en el caso de la composición del poeta, eran algunos menos: más de un millón de cadáveres los que deambulaban por Madrid tras la guerra. Después, como Figuera acostumbra, no deja nada sin decir, y realiza una crítica que luego se revela como dirigida especialmente a los poetas denominados «garcilasista», los que cultivaron una poesía evasiva respecto al pasado y presente conflicto social: «Algunos no lo pasan tan terrible./ Han trepado a una roca/ (que les costó lo suyo)/ y están cara al sol. (Se sienten calentitos)» (248, 249). Ángela no deja espacio para ambigüedad alguna y es tremendamente irónica, rasgo consonante con la poesía del realismo crítico. La alusión al «Cara al sol» es especialmente arriesgada, y como decíamos anteriormente, al vincular el movimiento fascista con los poetas equidistantes frente al régimen, y por lo tanto afines, sitúa políticamente su hacer poético: «[...] hacen sonetos a la primavera/ (que no se ve, pero ellos, tan contentos./ Tratando con poetas, cualquier cosa» (249). Desde este punto pasa a una defensa de la «poesía social», en la que se desvela, pese a otras reflexiones llevadas a cabo en su obra, una convicción de su utilidad: «Pero yo sigo con lo mío./ Lo que nos hace falta son los puentes./ Mientras no construyamos/ los puentes otra vez y a toda costa, siempre estaremos muertos y remuertos,/ metidos en la isla/ (esta asquerosa isla sin ventanas)» (250); el adverbio «otra vez» nos lleva al panorama social, político y cultural español anterior a la guerra y a la dictadura. No se olvida del exilio, de lo que hay más allá de «la isla»: «[...] nos iremos de la isla,/ para volver al mundo de los vivos,/ de los que pisan tierra ventilada,/ limpia y fecunda (que la hay) [...]» (250). Figuera está desarrollando, dentro de su poética humana y humanista, una poética de la esperanza que en ningún momento abandona, pero es consciente de las limitaciones de la lírica: «Lo estoy diciendo a gritos: Faltan puentes./ Lo principal de todo son los puentes./ (Colgantes, subterráneos, levadizos.)/ Hagamos puentes, puentes, puentes, puentes./ Y no me escucha nadie./ Y así estamos» (251). La metapoesía de Ángela Figuera es constantemente a través del «grito», en ocasiones considerado por ella misma «inútil», y sus palabras poética y política se ejecutan a la par atravesadas por él.

«Estamos viendo todo lo que pasa»

Enmarcado en *Toco la tierra. Letanías* (1962), Ángela Figuera se refiere en los primeros versos de este poema a su treintena —o sea, a la etapa de la II República— como una época en la que «éramos los poetas tan felices» (Ibid.). Por aquellos tiempos, aunque la autora aún no hubiese publicado nada, escribía. Pero hizo falta, cuenta, una guerra para «ver todo lo que pasa»:

> Vamos sabiendo cosas importantes:
> que es uno el llanto, que la tierra es una,
> que en ella se confunden las raíces
> del hombre, porque el hombre son millones
> más uno, nuestro yo, que apenas cuenta (Id. 271).

No obstante, aunque los poetas escriban lo que ocurre, todo ello se pierde y no va a ningún lado: «Decimos esas cosas: no tienen importancia;/ suenan a lluvia, saben a comida corriente;/ se van por los caminos, se mezclan con la siembra» (Figuera 272).

«Hijos, ya veis...»

Este poema sin título es el que abre el poemario *Toco la tierra. Letanías*, y comienza con el verso «Hijos, ya veis: no tengo otras palabras» (261). Elabora en él un discurso consciente de haber inundado gran parte de su obra poética anterior: «insisto, insisto, insisto; verso a verso,/ repito y enumero lo evidente,/ lo que en los ojos se me clava a diario» (261). De nuevo tenemos reminiscencias machadianas (recordemos el «golpe a golpe/ verso a verso» del poeta sevillano).

Cuando nos referimos a la estética de Ángela Figuera como «realista», en realidad hablamos más de contenido que de forma; si bien el léxico es sencillo y cercano al habla, nunca pierde un ápice de lirismo ni de musicalidad. Figuera afirma: «[...] digo lo que duele» (261) y en esta primera composición destaca la denominación «letanía», incluida en el título del poemario, para hablar de su creación poética. Una letanía en tanto es proyección de futuro, pero también texto monótono, incluso predecible («Hijos, ya veis»). Este autopercepción de su poesía desentraña una concepción desde el que la autora se posiciona a la hora de escribirla: es su intención que sea canto de esperanza, es necesario subrayar que otra realidad es posible, pero existe cierto pudor al exponer de forma continuada y con firmeza un ideario poético y social que probablemente esté condicionado por una cuestión de género, pero en esto indagaremos más adelante. Lo importante ahora es que este pudor del que hablamos se continúa confirmando a lo largo del poema: «[...] la misma letanía/ de siempre [...] no sé si ya querréis oírme [...] soy vieja y me repito» (261, 262). A pesar de esto, no puede negar el impulso: «mas no quiero callarme ni morirme./ Quiero vivir, vivir en esta tierra/ que beso y toco; estar a vuestro lado,/ rezando —amor, dolor— mi letanía» (262).

«Me explico ante Dios»

Este poema, que también encontramos en *Toco la tierra. Letanías*, es otra declaración del humanismo de la poetisa, que se disculpa ante Dios por no dedicar sus versos a él, sino al *hombre* (al ser humano). Con él, expresa una poética que centra su atención en lo tangible, lo que está sobre la tierra y va más allá del papel, pues también se trata un modo concreto de estar en el mundo: «Hay que vivir, andar, estar con gente;/ mirar el bosque, el mar; subir alturas [...] sudar al sol, mojarse con la lluvia; [...] cocer el pan, gritar por los caminos/ dormir al niño, remendar la ropa» (273). En todos los quehaceres, no oculta las tareas con las que suelen cargar las mujeres, y las introduce en el poema. Reconoce, además, esta misión que lleva a cabo: «El Ángel se arrodilla ante María./ Mas, ¿quién dice a la madre pecadora/ bendito sea el fruto de tu vientre?» (273). Es la misión del «decir», «decirlo todo», como escribía desde *Mujer de barro*, y en este compromiso con la palabra existe de nuevo una clara conciencia feminista. Esto último, que hemos repetido a lo largo del estudio, no es incompatible con el hecho de que Ángela, como apunta Roberta Quance, no se identificase explícitamente como feminista [«no le gustaban los ismos» (17)])[24]; sin embargo, es innegable que: «dentro de un panorama poético dominado por hombres su poesía se destaca (aparte de por su intrínseca calidad) por su claro enfoque femenino de los problemas sociales» (Quance 17).

«Difícil»

En «Difícil» (*Antología total*, 1973), tratando lo dificultoso de la existencia en el contexto que le toca vivir, Figuera incluye el escribir poesía: «Difícil es cantar, luchar es vano,/ sabiendo que la voz y la partida/ se han de perder

---

24 Aunque esta reacción hacia el término «feminismo» podía tener mucho que ver con las posiciones del PCE al respecto, que lo consideraban en aquellos años secundario en la lucha de clases. Ya sabemos que Ángela, aunque no llegó a militar, sí colaboraba y simpatizaba con la organización, además de mantener amistad con militantes.

más tarde o más temprano» (295). Este poema nos habla de una idea de trascendencia en la que nos introduciremos más en profundidad en el apartado posterior.

«Ya que no baja el ángel»

Por último, el poema «Ya que no baja el ángel», no publicado en ningún libro (se encuentra solamente en las *Obras completas* de Hiperión) y fechado en la Navidad de 1962, es tremendamente actual. Se ocupa del conflicto entre el empleo del lenguaje poético, del género lírico, frente a un lenguaje con fines mercantilistas que sirve al capitalismo: «que ya no baja el Ángel con su mensaje in-útil/ [...] Hay slogans, discursos, megatones, satélites» (329). Figuera está cantando aquel estribillo de Golpes Bajos que decía: «malos tiempos para la lírica»; insiste: «[...] el ángel no baja, ya lo he dicho: no quiere/ la estrella tiene miedo de los jets y los misiles./ Sabemos que los grandes están en conferencia;/ y que, entre wodka y whisky, se comen la paloma» (329). Un mundo injusto, regido por intereses ajenos a los de la vida y la solidaridad, se opone a la creación poética. A pesar de todo ello, la poetisa se mantiene firme en su propuesta poética y filosófica: «Mas yo, pisando tierra, junto al resbaladizo/ brocal que cerca el pozo de mi vejez tozuda,/ os llamo y os convido a un vaso de esperanza [...] Acaso todo/ lo que no es muerte a secas, es solo poesía» (329).

6

El discurso metapoético masculino de los 50. Contraposiciones

Si las escrituras de mujeres y hombres son diferentes, como lo es su experiencia en el mundo, es natural que esto también se plasme en su producción metapoética, donde autoras y autores reflexionan sobre la poesía y dan sus ideas acerca de la creación.

Leyendo la metapoesía de algunos de los poetas de los cuarenta y los cincuenta, hemos seleccionado poemas de José Hierro, Blas de Otero, Gabriel Celaya y Ángel González para establecer tres ejes temáticos en su reflexión poética que situamos en contraposición a los que desarrolla Figuera, como marcas de género masculinas frente a las «femeninas»[25].

6.1. La mujer como: inspiración para la composición, metáfora de poesía y sujeto ajeno a la creación

El primero de estos ejes temáticos corresponde al rol de la mujer en el imaginario que presenta el poema, y se divide, a su vez, en tres: mujer como inspiración para la composición, mujer como metáfora de poesía y mujer como elemento ajeno a la creación.

---

25 Utilizamos el término «femeninas» para referirnos a lo relativo a la mujer, no a un ideal de feminidad.

A la mujer como inspiración o musa la encontramos, en primer lugar, en el poema de José Hierro «Unos versos perdidos» (372), en el que se queja de no hallar las palabras cuando una amante le pide «unos versos a sus senos». También en «Figurilla», de Blas de Otero (804), advertimos el mismo tópico: el poeta dice tener en su escritorio, donde elabora sus poemas, una pequeña escultura femenina de bronce que describe con «un lindo y curvado culo»: «Ella vigila mi bolígrafo cuando se desliza sobre el papel amarillo trenzando versos» (Otero 804). Al final del poema da un paso más allá y se culmina la personificación de la «figurilla»: «Yo estoy un poco enamorado de la mujer de bronce» (804). De nuevo, el femenino es un papel pasivo dentro de la creación poética; el cuerpo de mujer representado en la escultura inspira al poeta cuando se sienta a componer. No se diferencia mucho este motivo del de la poesía como mujer —como metáfora de poesía, decíamos—, que encontramos en numerosos poemas. En Blas de Otero, concretamente, hay al menos tres en los que se compara a la mujer con el verso; estos son «Tiempo de poemas» (Otero 749), «¿Eso será la poesía?» (Id. 810) y «Poética» (Id. 943). En el primero, el poeta imita precisamente la estructura dialógica de aquella famosa composición de Bécquer, y cuenta que una niña le ha preguntado ese día qué era la poesía, a lo que él le responde el ya conocido «poesía eres tú», y añade: «cuando tengas once años más»; después, comienza a enumerar una serie de elementos que también son poesía.

Cuando la poesía es la mujer, esta, consecuentemente, no es quien la crea, y es curioso que Blas de Otero finalice el poema concluyendo con esta idea sin darse cuenta: «Y, sobre todo, la poesía son los poemas/ y los poemas, como ya he dicho en alguna ocasión, es una de tantas cosas que hace el hombre sobre la tierra» (749). En efecto, los poemas los hace el hombre, y aunque la intención del poeta sea referirse con «hombre» a la especie humana, el fondo de lo que le lleva a escribir este poema dice lo contrario: es el hombre, en sentido androcéntrico, o sea, el humano de sexo masculino, quien crea poemas, y los poemas —la poesía— son la mujer. En «¿Eso será la poesía?» vuelve a proponer que «la poesía es [...] esa chiquilla que vende flores encarnadas» (Otero 810), y en «Poética» defiende que «el verso sea como [...] una muchacha sonriente» (Id. 942), entre otras cosas. Por su parte, Ángel González le dedica un poema «A la poesía» (172), entendiéndola como amada y personificándola en ella:

> Ahora,
> tan bella como estás,
> recién peinada,
> quiero tomar de ti lo que más amo.
> Quiero tomarte
> —aunque soy viejo y pobre—
> no el oro ni la seda:
> tan solo el simple, el fresco, el puro
> (apasionadamente), el perfumado,
> el leve (airadamente), el suave pelo.
> Y sacarte a las calles,
> despeinada,
> ondulando en el viento
> —libre, suelto, a su aire—
> tu cabello sombrío
> como una larga y negra carcajada (172).

Está describiendo una poesía impura, libre de ataduras, con un componente irónico-humorístico, utilizando como alegoría la anatomía de una mujer. Lo mismo vemos en:

«A veces» (González 1992 237) y «Oda a los nuevos bardos» (Id. 310), también de Ángel González. En «A veces» se construye una analogía entre escribir un poema y tener un orgasmo, pero desde una perspectiva falocéntrica: la tinta es el semen, se dice al inicio, y todo lo que ocurre durante el acto le sucede a una voz poética masculina en relación con una representación femenina:

> Tardes hay, sin embargo,
> en las que manoseo las palabras,
> muerdo sus senos y sus piernas ágiles,
> les levanto las faldas con mis dedos,
> las miro desde abajo,
> les hago lo de siempre
> [...] (González 1992 237).

Así, la primera afirmación, tan segura de sí misma, —«Escribir un poema se parece a un orgasmo:/ mancha la tinta tanto como el semen» (González 1992 237)—, junto con la siguiente descripción de los hechos, establece que el escribir un poema, si guarda similitud con todo esto, es consecuentemente una acción propia del hombre. En «Oda los nuevos bardos», lo primero que llama la atención es el término «bardos», que el poeta utiliza como reformulación de «poetas»[26]; los bardos, en la cultura celta medieval, eran narradores de historias ambulantes, hombres, al cabo, y es que González se quiere referir con este poema a ellos. Al margen de la intencionalidad crítica y sarcástica del poema, lo que nos interesa es la reducción del círculo de personas que escriben poesía a los hombres,

---

26 La crítica que en este poema realiza Ángel González está referida a los nueve novísimos, entre los cuales figuraba una mujer, Ana María Moix, algo que, sin embargo, no desecha una perspectiva generacional masculina.

pero no solo eso, sino que los opone a la mujer. Presenta la relación conceptos poeta-mujer como excluyente el uno del otro: «y se prueban metáforas como putas sostenes (los nuevos bardos)/ [...] entreabren las sedas de su escote» (Id. 310). Los que «se prueban metáforas» son los poetas-hombres, y lo hacen al igual que «las putas» (selecciona «las putas» como hipónimo de la clase semántica de las mujeres —que funciona como hiperónimo—); de la misma forma, «para entreabrir las sedas de su escote» es necesario que se trate de una representación del hombre hetero-sexual, y la mujer que recibe este acto es la poesía.

Los poemas que se agrupan en torno al tema de la poesía como mujer pueden fácilmente, de forma más o menos explícita, enmarcarse también dentro del motivo de la mujer como elemento ajeno a la creación, especialmente en el caso del último poema analizado. Se trata de plasmar en la composición una visión de la mujer como algo total-mente opuesto al proceso creativo, que no lo entiende porque se le atribuyen otras ocupaciones, o que existe absolutamente al margen de la creación poética, de un modo incluso ignorante. Frente a esto, en la poesía de Ángela Figuera vemos una reivindicación del papel de la mujer como creadora y ser pensante en poemas como «Mujer», donde es muy explícita al respecto («¡Cuán va-namente, cuán ligeramente/ me llamaron poetas, flor, per-fume!.../ Flor, no: florezco. Exhalo sin mudarme», Figuera 32); «Poquita labor», que enfrenta la experiencia femenina a la masculina y la pone en valor («Unos versos, un hijo, un hogar, un amor.../ Pero tú, que me miras con desdén al pasar/ [...] ¿Has hecho mucho más?», Id. 70); o «Exhor-tación impertinente a mis hermanas poetisas», en el que se dirige, como dice, a las poetisas, dando visibilidad a la mujer dentro del ámbito de la creación poética.

6.2. La idea de trascendencia a través de la poesía

El otro eje es más llamativo incluso, y gira en torno a la preocupación por la trascendencia mediante lo que se deja escrito. Tanto en la metapoesía de Ángela Figuera como en la de los poetas de los cuarenta es bastante recurrente este motivo, pero con tratamientos muy distintos. Si nos fijamos en la obra de ellos, vemos que escriben desde una consciencia de ser leídos en el presente y de que lo seguirán siendo en el futuro, o sea, se sienten incluidos en el panorama literario y saben que están abriéndose un hueco en la historia. Nos fijamos, por ejemplo, en este poema de José Hierro: «El poema sin música». En él, el autor se dirige claramente a un lector: «Escucha. Solo/ para ti podrían decirse/ estas palabras. Solo tú/ las podrás entender» (Hierro 424). El poema no se queda en el ámbito privado, sino que va a salir al encuentro de las personas que lo lean, y esto es lo que da sentido a la escritura: «Cuando tú mueras, el poema/ habrá muerto. Cuando tú olvides,/ el poema habrá muerto [...]» (Id. 425). Además, el poeta escribe desde el momento en que está construyendo el poema a sabiendas de que, una vez terminado este y publicado, es decir, en el futuro, se sucederán los lectores: «Dondequiera que estés, sabrás/ por qué digo lo que ahora digo/ [...] Un día/ [...] leerás estos versos. Entonces,/ vivirán ellos para ti» (Id. 424). Otra concreción de esta consciencia de trascendencia la vemos en Gabriel Celaya a partir de la identificación de la poesía como herramienta, que aparece en «La poesía es un arma cargada de futuro» (717). Al realizar esta aseveración en el título, Celaya afirma tener en posesión un arma, la poesía, que se proyecta hacia el mañana, y al final del poema añade el concepto «poesía-herramienta», que entronca con el siguiente eje. También Gabriel Celaya expresa seguridad acerca de su trascendencia en el poema «Despedida», de *Paz y concierto* (1953): «Quizás tú no recuerdes/ quién fui, mas en ti suenen/ los anónimos versos que un día puse en ciernes [...] seré, no sé bien cómo, parte del gran concierto» (627).

En «Después», de Ángela Figuera, la poetisa refleja un deseo de estar presente más allá de la muerte a través de su poesía: «Yo quisiera quedarme en una estrofa,/ sonando armoniosa en lo infinito» (Figuera 69), pero este anhelo choca con la realidad, que la desplaza; el imperfecto de subjuntivo («quisiera») deja ver este matiz. Esta sensación de exclusión también la expresa en «Grito inútil» (Id. 135) o en «Y ahora el llanto». Además, frente a la afirmación, por parte de Celaya, de poseer un arma «cargada de futuro», Ángela Figuera confiesa estar «Desarmada» (199): «Y soy una mujer. Apenas algo./ Carne desnuda, sola, desarmada».

6.3. El poeta-obrero: el oficio del verso

El tercero de los ejes es el que abarca un tratamiento de la poesía como profesión u oficio. Ramón Pérez Parejo habla de una identificación del poeta con un trabajador de prácticamente cualquier sector como motivo de la metapoesía (271), y esto lo vemos de manera clara en Celaya, especialmente en «La poesía es un arma cargada de futuro», que tomamos de nuevo. En este poema, el autor dice sentirse «un ingeniero del verso y un obrero», y aquí es cuando califica su poesía de «poesía-herramienta». Pero también en «Pasa y sigue» (Celaya 593); en este caso, el poeta se lamenta porque «la profesión "poeta"» no está valorada como tal. Ahora prestamos atención a algo: los oficios que aparecen comparados con el de poeta, o igualados, están altamente masculinizados, y por aquella época exclusivamente los ejercían hombres; obrero, ingeniero, etc. por lo que difícilmente una voz poética femenina iba a identificarse con alguno de ellos. En el poema de Ángela Figuera «San Poeta Labrador», veíamos cómo la autora utiliza una voz poética masculina para ponerse en la piel de un labrador e introducirse en su rutina, alegoría que utiliza para describir la trayectoria de un poeta. Sin embargo, en *Mujer de barro* encontramos composiciones que asocian la creación poética a la confección, a la cocina y a la maternidad, ahora sí, desde una voz poética femenina: en «Insomnio», «se va tejiendo el verso» (66); y en «Alumbramiento», «[...] El poema/ sazónase como un hijo» (67). En este último se relaciona de forma muy particular el acto de escribir con el de concebir a través, además, de una metáfora culinaria que se lleva a cabo con la introducción del verbo «sazonar». No debemos olvidar la dedicación de Ángela Figuera, como mujer, a las tareas del hogar, por lo que su actividad intelectual se conjugaba con la de cuidadora y con su trabajo, además, fuera de casa. De esta forma, vemos cómo, mientras que en la metapoesía de hombres se da una identificación con otros trabajos masculinizados, en la de una mujer como Ángela Figuera aparece una relación con labores a las que se ha relegado a la mujer, o con otros tipos de experiencias femeninas como la maternidad, y cuando quiere tomar un oficio asociado a los hombres, escribe desde la primera persona del masculino. Esta traslación no existe en la poesía escrita por estos poetas, lo que es una seña de la universalidad con la que sí cuenta la experiencia masculina en la literatura, en contraste con la otredad de la femenina.

Algo para tener de igual forma en consideración es el contenido implícito que hay detrás de cada metapoema de Ángela Figuera Aymerich. Hasta ahora hemos visto el uso que hace de determinados temas que tienen que ver con la mujer y con la reivindicación de su posición en el mundo, pero, como ya hemos adelantado anteriormente, el hecho de que toda su obra esté atravesada por estas cuestiones, y especialmente, por la maternidad, no es tanto un instinto maternal hiperdesarrollado como una intención clara de reafirmarse como voz femenina dentro de un mundo literario dominado por los temas y criterios de los hombres.

6.4. La autoridad de la palabra de (el) poeta.

Si la superestructura patriarcal dota a los hombres de una seguridad especial para ser y estar en el mundo, no ocurre lo contrario en poesía. En nuestro corpus de metapoemas de Ángela Figuera, llama la atención uno de ellos por la excesiva inseguridad que expresa la autora. Se trata de aquel sin título que comenzaba así: «Hijos, ya veis: no tengo otras palabras» (261). La poetisa incide a lo largo de la composición en una idea: «insisto, insisto, insisto; verso a verso [...] Golpe tras golpe, digo lo que duele,/ mi larga letanía: tierra, tierra [...] Repito, vuelvo [...] No sé, no sé si ya querréis oírme [...] Hijos, ya veis: soy vieja y me repito» (261, 262).

Curiosamente, existe un poema de Gabriel Celaya, ya mencionado anteriormente, que podría situarse de forma paralela al de Figuera: «Pasa y sigue», de *Paz y concierto*, 1953 (593). Primeramente, citamos aquí algunos de sus versos:

Uno va, viene y vuelve, cansado de su nombre;
[...]
Se hojean febrilmente los anuarios buscando
la profesión «poeta» –¡ay, nunca registrada! –.
Y entonces uno siente cansancio, y más cansancio,
solamente cansancio, tiempo lento y cargado.

Quisiera que escucharais las hojas cuando crecen,
quisiera que supierais lo que es abrirse el aire
[...]
Lloraríais conmigo la lágrima o la estrella,
lloraríais verdades de temblor transparente,
[...]
Da miedo ser poeta; da miedo ser un hombre
consciente del lamento que exhala cuando existe.
Da miedo decir alto lo que el mundo silencia.
Más ¡ay! es necesario, más ¡ay! soy responsable
de todo lo que siento y en mí se hace palabra,
gemido articulado, temblor que se pronuncia.
[...]

Pensadlo: ser poeta no es decirse a sí mismo.
Es asumir la pena de todo lo existente,
es hablar por los otros, es cargar con el peso
mortal de lo no dicho, contar años por siglos,
[...]
A través de mí pasa: yo irradio transparente,
yo transmito muriendo, yo sin yo doy estado
al hombre que si mira parece que algo exige,
y simplemente mira, me está siempre mirando,
y esperando, esperando desde hace mil milenios
que alguien pronuncie un verso donde poder tenderse.

Sonámbulos acuden a mí los que no saben
si sufren o si solo por no muertos del todo

aún siguen suspirando sin encontrar su forma,
su expresión absoluta, su descanso y mi olvido.
Y como quien conjura fantasmas yo pronuncio
palabras en que dejo de ser quien soy por ellos.
[...]
Mis cantos son los cantos rodados que una mansa
corriente milenaria suaviza y uniforma,
y el murmullo del agua los va deletreando.

¡Oh jóvenes poetas!, mirad, estoy llamando,
hundido en ese fondo que aún no ha sido expresado
de los muertos y el muerto que yo sumo al fracaso.
Decid lo que no supe, lo que nadie aún ha dicho.
Yo cumplí lo que pude, pero todo fue en vano,
y hoy me siento cansado –perdonadme–, cansado.

No me hagáis más preguntas. Cantad cara al mañana
lo común de la sangre, lo perpetuo y corriente.
[...]
Mientras haya en la tierra un solo hombre que cante,
quedará una esperanza para todos nosotros.

Celaya declara estar «cansado», y el resto del poema, lejos de situarse desde una posición humilde respecto al lector, parece echarle en cara lo que ha hecho por él, o al menos, recordárselo. Como poeta, se siente en un papel de responsabilidad frente al mundo y al ser humano, reconociendo su importancia, y se permite, sin expresión de culpa, dejarse llevar por un cierto hastío.

Lo interesante de confrontar ambos poemas es que tanto autora como autor parten de una misma cuestión detonante: la función del poeta, de la palabra. Sin embargo, el desarrollo de cada uno de ellos es bien distinto; mientras

Ángela se disculpa ante sus «hijos», reivindica el amor que la mueve [«Y el pueblo, el pueblo, el pueblo; y los que nacen/ desnudos, sucios, presos, condenados;/ y amor, amor rabioso por las venas» (261)] y admite no poder sino «[...] vivir en esta tierra/ que beso y toco; estar a vuestro lado» (262), incluyéndose en la masa que la rodea, Celaya se posiciona como «poeta» frente a la masa, reivindicando la autoridad de la palabra de (el) poeta.

7

¿UNA METAPOESÍA DE MUJER?

Tras el análisis al que hasta ahora hemos llegado, cabe plantearnos la duda que formula este apartado.

Hemos visto, pues, cómo la metapoesía no solo cumple con una característica común al resto de la producción literaria, esto es, la expresión de experiencias vitales distintas, sino que resulta ser un espacio propicio para que se produzca. Así, la reflexión acerca de la poesía en una composición se configura como tema para que la poetisa exprese una poética propia al calor de su vivencia del mundo, y más en concreto, del pequeño mundo de la creación.

Hay, sin embargo, algo sobre lo que hasta ahora no hemos matizado, y es la noción de *diferencia*. No podemos interpretarla como innata a un sexo, o estaríamos cayendo en creencias patriarcales sin fundamento científico. Hemos de tener presente que, si existe, es fruto de una superestructura social y de una estructura económica, que condicionan las relaciones entre humanos. Showalter también buscaba evitar malinterpretaciones al respecto:

> I am [...] uncomfortable with the notion of a 'female imagination'. The theory of a female sensibility revealing itself in an imagery and form specific to women always runs dangerously close to reiterating the familiar stereotypes. It also suggests permanence, a deep, basic, and inevitable difference between male and female ways of perceiving the world. I think that, instead, the female literary tradition

comes from the still-evolving relationship between women writers and their society[27] (1977 12). ·

De esta forma, niega que exista una sensibilidad propia de las mujeres ligada a su sexo biológico, y sugiere, además, un planteamiento clave: las relaciones de género no son estáticas, fluctúan con los cambios sociales, políticos y económicos, por lo que, a lo largo del tiempo, «las formas masculinas y femeninas de percibir el mundo», algo que tiene su reflejo en la producción literaria.

Dicho esto, lo que hemos llevado a cabo en este ensayo ha sido un análisis de la metapoesía de Ángela Figuera Aymerich, no solo con la motivación de abordar la reflexión poética desde una perspectiva de género, sino con la de reivindicar el papel de esta autora en la poesía española de la segunda mitad del siglo XX, pero los ejes temáticos que hemos extraído de su obra no son exclusivos de esta; es interesante comprobar cómo son un denominador común en la metapoesía escrita por mujeres a lo largo del tiempo y del espacio.

La intención de establecer una ruptura con la tradición en los poemas se repite en otras poetisas como Alfonsina Storni o Claribel Alegría. Alfonsina Storni publica «Tú me quieres blanca» (Lanseros y Merino 63) en 1918, y en él vemos símbolos que más tarde también reproduce Figuera en «Morena»: «Me quieres de nácar./ Que sea azucena/

---

27 «Me siento incómoda con la noción de una 'imaginación femenina'. La teoría de una sensibilidad femenina que se revela en una imaginería y forma específica de las mujeres siempre está peligrosamente cerca de reiterar los estereotipos familiares. También sugiere la permanencia, una diferencia profunda, básica e inevitable entre las formas masculinas y femeninas de percibir el mundo. Creo que, en cambio, la tradición literaria de las mujeres viene de la relación en constante desarrollo entre las mujeres escritoras y su sociedad»

Sobre todas, casta» (*Id.* 63); el «nácar» y la «azucena» son también utilizados en «Morena». Claribel Alegría también se atreve a darle la vuelta a un mito, al de Ulises, escribiendo un poema epistolar que pone en la voz de Penélope, pidiéndole a su esposo que no vuelva, algo que contradice el esperado recibimiento que se narra en el cantar. En estas composiciones se percibe por parte de las mujeres una consciencia muy clara de su género y de la posición a la que han sido relegadas en el mundo real y en el de los mitos. Lo vemos también en «Palabras de la nueva mujer» (Id. 105), de Claudia Lars, poetisa salvadoreña que publica este poema en 1969:

> Pertenezco a la desnudez
> de mi lenguaje
> y he quemado silencios y mentiras
> sabiendo que transformo
> la historia de las madres (Ibid.).

Muestra en él, de igual forma, esa intención de desquitarse de todos los estereotipos e imágenes con las que la ha asociado la tradición poética masculina:

> Mujer.
> Solo mujer.
> ¿Entiendes?
> Ni pajarilla del necesario albergue,
> ni alimento para deseosos animales,
> ni bosque de campánulas donde el cielo se olvida
> ni una hechicera con sus pequeños monstruos (Ibid.).

Por otro lado, son frecuentes las comparaciones que ponen en relación actividades o experiencias tradicionalmente femeninas con el acto de escribir. Ángela Figuera utiliza fundamentalmente la maternidad como acto equivalente a la creación artística, pero también en momentos determinados, como hemos comprobado, se mezclan con el tema de la escritura metáforas que nacen del mundo culinario y de la costura. «Doble símbolo» (1977), de Concha Zardoya, nacida en 1914 en Chile, pero de familia española —se instaló en España en 1932 (Lanseros y Merino 199)— escribe:

> Has nacido mujer... Y te preguntas
> si es humillación el aceptarte
> con todo lo que fueron tus abuelas,
> con todo lo que fuiste y fue tu madre,
> con lo que tú eres hoy, un ser que busca
> los posibles sentidos de la vida,
> [...]
> Si es humilde ese signo que te inventas
> al sumergirte viva en el silencio,
> porque sabes que todos menosprecian
> la voz de la mujer o se sonríen
> si su palabra apunta hacia lo alto
> o penetrar procura las tinieblas.

Hasta aquí, vemos, además, cómo la poetisa es consciente del silencio a la que se la condena por el hecho de ser mujer, y cómo ello se traslada a una reflexión metapoética acerca de la utilidad o función de su escritura, lo que nos recuerda a «El grito inútil» de Ángela Figuera. Continúa:

> El dedal o la pluma —doble símbolo—
> no sirven de defensa ni tampoco
> desafían ni alcanzan la victoria.
> Amorosos, humildes instrumentos,
> consuelan tu vivir [...] (Id. 209).

Y termina el poema con esta analogía, relacionada con lo que apuntábamos antes de exponer el poema: «Escribir y coser, ¿no son lo mismo? / Hilo y tinta devánanse viviendo» (Lanseros y Merino 210).

En cuanto al silencio del que habla y que hemos subrayado arriba, es compartido por otras poetisas; Yolanda Bedregal, boliviana, publica «Inutilidad» en 1940 («En cada nueva luna/ mi alma inventa/ una canción de cuna/ inútilmente», Id. 248); y Julia Uceda saca a la luz en 2013 «Mano» («[...] Y pregunto/ esa mujer sentada, ¿adónde va? ¿Estará su palabra/ al cuidado del mundo?», Id. 437).

Relación con esto guarda la cuestión de la trascendencia. Vimos en el apartado anterior cómo se expresaba el tema en los poetas hombres, y cómo lo expresaba Ángela Figuera; frente a la seguridad de estar tomando relevancia en el panorama literario y de ser leídos, Figuera intuía que sus palabras caían en el olvido conforme nacían. Este sentir es generalizado en otras poetisas como Susana March (lo vemos en el poema «Sí; yo me moriré», publicado en 1948. Id. 303), Fina García Marruz («Si mis poemas todos se perdiesen», 1970, Id. 385), Gloria Fuertes («Isla ignorada», 1950, Id. 276) y María Elvira Lacaci («La posteridad», 1963, Id. 476). En estos poemas, las autoras se plantean escenarios como el de que su obra se pierda o de que nadie las recuerde tras la muerte; para tales casos performan para el poema una conformidad con el carácter efímero de su ser, que se extrapola a sus creaciones.

Queda por ver si ahora que nos encontramos en un mejor momento en cuanto a lo que a igualdad e interés por la escritura de las mujeres se refiere, al menos en España, continúan perpetuándose estas poéticas. Si, como enunciaba Elaine Showalter, se produce un cambio real de paradigma y las experiencias del mundo masculinas y femeninas expresadas hasta ahora se desdibujan.

Sirva como grano de arena este trabajo para arrojar luz sobre obras como la de Ángela Figuera Aymerich, que tanto enriquecieron la literatura y que, sin embargo, son aún en buena medida ignoradas.

BIBLIOGRAFÍA

ALAS, Leopoldo. *Solos de Clarín/* Leopoldo Alas; con un prólogo de José Echegaray. Alicante: Biblioteca Virtual Miguel de Cervantes, 2001.

ASCUNCE, José Ángel. Prólogo de *Ángela Figuera: Una poesía en la encrucijada,* San Sebastián: Universidad de Deusto, 1994.

BENGOA, María. *La poeta Ángela Figuera (1902-1984).* Bilbao: BBK, 2003.

CELAYA, Gabriel. *Poesías completas.* Madrid: Visor (2001).

CONDE, Carmen. *Poesía femenina española (1939-1950).* 1967. Barcelona: Bruguera, 1970.

CRISPIN, Jessa. Prólogo de *Cómo acabar con la escritura de las mujeres* [Joanna Russ (1983)] Barcelona: Editorial Barrett, Editorial Dos Bigotes, 2018.

EVANS, Jo. *Moving reflections. Gender, faith and aesthetics in the work of Angela Figuera Aymerich.* Londres: Tamesis, 1996.

FARIÑA BUSTO, María Jesús. «Ángela Figuera Aymerich: la libertad como consigna». *Incómodas. Escritoras españolas en el franquismo.* Eds. Yasmina Romero Morales y Luca Cerullo. León: Eolas, 2020, pp. 114-131.

FIGUERA AYMERICH, Ángela. «Poética», en *Poesía social española contemporánea. Antología (1939-1968),* ed. Fanny Rubio y Jorge Urrutia. 1969. Madrid: Biblioteca Nueva, 2010.

— *Obras completas.* 1986. Madrid: Hiperión, 2009.

FIGUERA, Julio. Prólogo de *Obras completas.* 1986. Madrid: Hiperión, 2009

FREIXAS, Laura E. *Madres e hijas.* Barcelona: Anagrama, 1996.

GARCERÁ, Fran. Prólogo de *En la delgada arista* [Ángela Figuera Aymerich] Madrid: Torremozas, 2023.

GARCÍA, Miguel Ángel. *La literatura y sus demonios. Leer la poesía social.* Madrid: Castalia, 2012.

GONZÁLEZ, Ángel. *Palabra sobre palabra.* 1986. Barcelona: Seix Barral, 1992.

— *Poemas.* 1980. Madrid: Cátedra, 2008.

HIERRO, José. *Poesías completas.* Madrid: Visor, 2009.

KEEFE UGALDE, Sharon. «Las poéticas de las poetas de medio siglo». *La palabra silenciada. Voces de mujer en la poesía española contemporánea (1950-2000).*

COORDS. Remedios Sánchez García y Manuel Gahete Jurado. Valencia: Tirant Humanidades, 2017, pp. 147-165.

LANSEROS, Raquel y Merino, Ana (eds.). *Poesía soy yo. Poetas en español del siglo XX (1886-1960).* Madrid: Visor, 2016.

LUIS, Leopoldo de. *Poesía social española contemporánea. Antología (1939-1968),* ed. Fanny Rubio y Jorge Urrutia. 1969. Madrid: Biblioteca Nueva, 2010.

MARTÍNEZ TORRES, Cristina Rosario. «Parodia y sátira en el conflicto literario entre poesía pura y poesía impura en la España de principios del siglo XX. La sátira de Alberti», *Boletín Hispánico Helvético,* vol. 33-34, 2019, pp. 371-390).

MARTÍNEZ, José Enrique. Ángela Figuera. Entre dos versos. León: Eolas Ediciones, 2023.

MONTEJO GURRUCHAGA, Lucía. «La relación de Ángela Figuera con la censura española: los expedientes de su obra poética». Alicante: Biblioteca Virtual Miguel de Cervantes, 2021. Edición digital a partir de *Actas del XIII Congreso de la Asociación Internacional de Hispanistas: Madrid, 6-11 de julio de 1998. Tomo IV. Historia y sociedad. Literatura comparada y otros estudios,* Madrid, Castalia, 2000, pp. 169-177.

MORENO, María Paz. «Ángela Figuera Aymerich y la conciencia social de la mujer poeta». *La palabra silenciada. Voces de mujer en la poesía española contemporánea (1950-2000)*. Coords. Remedios Sánchez García y Manuel Gahete Jurado. Valencia: Tirant Humanidades, 2017, pp. 61-73.

OTERO, Blas de. *Obra completa (1935-1977)*. Barcelona: Galaxia Gutenberg, 2019.

PAYERAS, María. *El linaje de Eva. Tres escritoras españolas de postguerra: Ángela Figuera, Celia Viñas y Gloria Fuertes*, Madrid: Sial Ediciones, 2002.

PÉREZ PAREJO, Ramón. *Metapoesía y ficción: claves de una renovación poética (Generación de los 50- Novísimos)*. Madrid: Visor, 2007.

POTOK, Magda. «El texto femenino: el discurso literario como expresión de la diferencia», Itinerarios, vol. 10, 2009, pp. 205-219.

QUANCE, Roberta. Prólogo de *Obras completas* [Ángela Figuera Aymerich]. 1986. Madrid: Hiperión, 2009.

ROSAL NADALES, María. *Poesía y poética en las escritoras españolas actuales (1970-2005)*. Tesis doctoral realizada en el programa de tercer ciclo «Teoría de la Literatura y del Arte y Literatura Comparada» (2006).

ROMERO MORALES, Yasmina y Cerullo, Luca (ed.). *Incómodas. Escritoras españolas en el franquismo*. León: Eolas Ediciones, 2020.

RUBIO, Fanny y Urrutia, Jorge. Prólogo de *Poesía social española contemporánea. Antología (1939-1968)* [Leopoldo de Luis (1969)]. Madrid: Biblioteca Nueva, 2010.

RUSS, Joanna. *Cómo acabar con la escritura de las mujeres*. 1983. Barcelona: Editorial Barrett, Editorial Dos Bigotes, 2018.

Sánchez Torre, Leopoldo. *La poesía en el espejo del poema. La práctica metapoética en la poesía española del siglo XX.* Oviedo: Universidad de Oviedo, 1993.

Showalter, Elaine. *A literature of their own.* 1977. New Jersey: Princeton University Press, 1999.

Showalter. Elaine (ed.). *The new feminist criticism.* 1985. London: Virago, 1986.

Woolf, Virginia. *Una habitación propia.* 1929. Barcelona: Seix Barral, 2021

Zabala Agirre, José Ramón. *Ángela Figuera: Una poesía en la encrucijada*, San Sebastián: Universidad de Deusto, 1994.

Zabala Agirre, José Ramón y González de Langarika, Pablo. *Ángela Figuera Aymerich. Poesía entre la sombra y el barro.* Bilbao: Muelle de Uribitarte, 2012.

Agradecimientos

En primer lugar, quiero dar las gracias a Luis Bagué por haberme guiado en la elaboración de lo que fue mi Trabajo de Fin de Grado, germen de este estudio.

Gracias a las y los amigos que me han acompañado en este proceso: Silvestre, Lorenzo, Natalia, Lucía, Lola, Paloma, Francis, Ángel, Nuria, Ani... Vuestras palabras y gestos de apoyo durante todo lo que ha durado la elaboración de este trabajo me han arropado como no os imagináis para que esta tarea tan solitaria se tornase más cálida.

A Jose, porque me acompaña en mis ilusiones.

A Fran Garcerá, por ser custodio de tan valioso tesoro, y a Carlos S. Olmo, porque ama y respeta con nosotros a Ángela.

A todas las poetisas, poetas, artistas y militantes de la cultura que quisieron celebrar el cumpleaños de Ángela Figuera en Granada y en Murcia: Rosa Berbel, Carmen Canet, Javier Bozalongo, Juan Javier Ortigosa, Nuria Ortega Riba, Teresa Gómez, Abraham Guerrero, Olalla Castro, Trinidad Gan, Gerardo Rodríguez, Marga Blanco, Sabina Bengoechea, Nieves Chillón, Antonio Marín, Ani Galván, Lola Tórtola, Inés Belmonte, Anabel Úbeda, Ángel Salcedo, M.ª Carmen Ruiz Guerrero, Carlos S. Olmo, Beatriz Miralles de Imperial, Fran Garcerá y Javier Calderón.

A todas las personas de mis círculos y de las redes que se han interesado por el proyecto e ilusionado con él; en especial a aquellas y a aquellos que apoyaron el trabajo a través de Patreon: Fernando, Mónica, Eva, Jose, Salvador y Luna. Mil gracias por vuestra confianza. También a las compañeras María Teresa Navarrete y Tamara Andrés, investigadoras que de manera totalmente desinteresada y sorora me hicieron llegar sus publicaciones al saber que estaba realizando este trabajo, porque, por supuesto, iban a ser de mi interés.

A José Ramón Zabala Agirre, Joxerra, por haberse puesto en contacto conmigo al saber que lo estaba buscando y ofrecerme tan generosamente su ayuda y amistad.

Y por supuesto, a mi familia, por haberme entendido siempre. Gracias.

Índice

Este libro
se terminó de imprimir el día
4 de abril del año 2025,
aniversario del nacimiento de
Alfonsa de la Torre.